# DESCUBRA NÁRNIA

Verdades em
*As Crônicas de Nárnia*, de
## C. S. LEWIS

Christin Ditchfield

*A Family Guide to Narnia.*
Copyright © 2003 by Christin Ditchfield.
Published by Crossway Books
a publishing ministry of Good News Publishers
Wheaton, Illinois 60187, U.S.A.

This edition was published by arrangement
with Good News Publishers.
All rights reserved.

Tradução: Hedy Maria Scheffer Silvado
Revisão: Rita Rosário, Thaís Soler
Diagramação: Audrey Novac Ribeiro
Desenho da capa: David LaPlaca
Foto da capa: © Getty Images

Dados Internacionais de Catalogação na Publicação (CIP)

Ditchfield, Christin
Descubra Nárnia — Verdades em: As Crônicas de Nárnia de C. S. Lewis,
tradução Hedy Maria Scheffer Silvado — Curitiba/PR, Publicações Pão Diário
Titulo original: *A Family Guide to Narnia*
1. C. S. Lewis; 2. Vida Cristã; 3. As Crônicas de Nárnia;
4. Histórias para crianças; 5. Ficção/Fantasia.

Proibida a reprodução total ou parcial, sem prévia autorização, por escrito, da editora. Todos os direitos reservados e protegidos pela Lei 9.610, de 19/02/1998.

Exceto quando indicado no texto, os trechos bíblicos mencionados são da edição Revista e Atualizada de João Ferreira de Almeida © 1993 Sociedade Bíblica do Brasil.

**Publicações Pão Diário**
Caixa Postal 9740,
82620-981 Curitiba/PR, Brasil
publicacoes@paodiario.org
www.publicacoespaodiario.com.br
Telefone: (41) 3257-4028

Código: TH196
ISBN: 978-1-60485-269-1

1.ª edição: 2010
7.ª impressão: 2024

*Impresso na China*

Este livro é dedicado a duas mulheres especiais
que muito fizeram para encorajar e inspirar
meu contínuo amor pela leitura.

Tia Diane,
que me apresentou tantos clássicos maravilhosos,
incluindo *As Crônicas de Nárnia*.

Tia Jacquie,
que também foi minha tia favorita
durante os anos de Ensino Fundamental.
Mais tarde, quando tornei-me professora,
recebi o seu convite para compartilhar
*As Crônicas de Nárnia* com seus alunos.
Dessa experiência, surgiu este livro.

# Sumário

*Prólogo por Wayne Martindale* — 13
*Prefácio* — 15

*Introdução*:
O Sobrinho do Mago — 21
1. A porta errada — 23
2. Um diálogo estranho — 24
3. Um bosque entre dois mundos — 26
4. O sino e o martelo — 28
5. A palavra execrável — 29
6. Começam as complicações do tio André — 31
7. O que aconteceu na rua — 32
8. A briga — 34
9. A criação de Nárnia — 35
10. A primeira piada — 37
11. Digory e o tio em apuros — 38
12. A aventura de Morango — 41
13. Um encontro inesperado — 42
14. Planta-se uma árvore — 45
15. Fim desta história e começo de todas as outras — 47

*Introdução*:
O Leão, a Feiticeira e o Guarda-Roupa — 53
1. Uma estranha descoberta — 56
2. O que Lúcia encontrou — 57
3. Edmundo e o Guarda-Roupa — 59
4. Manjar Turco — 60
5. Outra vez do lado de cá — 62

|     |                                          |     |
| --- | ---------------------------------------- | --- |
| 6.  | Na floresta                              | 63  |
| 7.  | Um dia com os castores                   | 64  |
| 8.  | Depois do jantar                         | 66  |
| 9.  | Na casa da feiticeira                    | 68  |
| 10. | O encantamento começa a quebrar-se       | 70  |
| 11. | A aproximação de Aslam                   | 71  |
| 12. | A primeira batalha de Pedro              | 73  |
| 13. | Magia profunda na aurora do tempo        | 75  |
| 14. | O triunfo da feiticeira                  | 77  |
| 15. | Magia ainda mais profunda de antes da aurora do tempo | 79  |
| 16. | O que aconteceu com as estátuas          | 82  |
| 17. | A caçada ao veado branco                 | 84  |

*Introdução*:
## O Cavalo e seu Menino — 89

|     |                                   |     |
| --- | --------------------------------- | --- |
| 1.  | Shasta começa a viagem            | 91  |
| 2.  | Uma aventura na noite             | 93  |
| 3.  | Às portas de Tashbaan             | 94  |
| 4.  | Shasta encontra os narnianos      | 96  |
| 5.  | O príncipe Corin                  | 97  |
| 6.  | Shasta nas tumbas                 | 99  |
| 7.  | Aravis em Tashbaan                | 100 |
| 8.  | Na casa do Tisroc                 | 102 |
| 9.  | Através do deserto                | 103 |
| 10. | Um eremita no caminho             | 104 |
| 11. | Um viajor sem as boas-vindas      | 106 |
| 12. | Shasta em Nárnia                  | 108 |
| 13. | A batalha em Anvar                | 109 |
| 14. | Lição de sabedoria para Bri       | 110 |
| 15. | Rabadash, o Ridículo              | 112 |

*Introdução*:
Príncipe Caspian ............................................................. 117
   1. A ilha ............................................................... 120
   2. A casa do tesouro .................................................. 121
   3. O anão ............................................................. 122
   4. O anão conta a história do príncipe Caspian ......... 123
   5. As aventuras de Caspian nas montanhas ............... 125
   6. O esconderijo dos antigos narnianos ..................... 126
   7. A antiga Nárnia em perigo ..................................... 128
   8. A partida da ilha .................................................... 129
   9. O que Lúcia viu ..................................................... 131
  10. O retorno do Leão ................................................. 132
  11. O Leão ruge ........................................................... 134
  12. Magia negra e repentina vingança .......................... 137
  13. O grande Rei assume o comando ........................... 139
  14. Confusão geral ...................................................... 141
  15. Aslam abre uma porta no ar ................................... 142

*Introdução*:
A Viagem do Peregrino da Alvorada ............................... 147
   1. O quadro .............................................................. 149
   2. A bordo do Peregrino da Alvorada ........................ 151
   3. As Ilhas Solitárias ................................................... 152
   4. Uma vitória de Caspian ......................................... 153
   5. A tempestade ......................................................... 155
   6. As aventuras de Eustáquio ..................................... 157
   7. Como terminou a aventura .................................... 158
   8. Dois sérios perigos ................................................. 160
   9. A Ilha das Vozes .................................................... 162
  10. O livro mágico ....................................................... 163
  11. Os anõezinhos do mágico ...................................... 165

| | |
|---|---|
| 12. A Ilha Negra | 167 |
| 13. Os três dorminhocos | 168 |
| 14. O princípio do Fim do Mundo | 170 |
| 15. As maravilhas do Mar Derradeiro | 172 |
| 16. O Fim do Mundo | 174 |

*Introdução*:
## A Cadeira de Prata — 179

| | |
|---|---|
| 1. Atrás do ginásio | 181 |
| 2. A missão de Jill | 183 |
| 3. A viagem do rei | 186 |
| 4. Uma reunião de corujas | 187 |
| 5. Brejeiro | 189 |
| 6. As terras agrestes do Norte | 190 |
| 7. A colina dos fossos estranhos | 192 |
| 8. A casa de Harfang | 193 |
| 9. Uma descoberta que valeu a pena | 195 |
| 10. Viagem sem sol | 196 |
| 11. No castelo escuro | 197 |
| 12. A rainha do Submundo | 199 |
| 13. O Submundo sem rainha | 200 |
| 14. O fundo do mundo | 202 |
| 15. O desaparecimento de Jill | 203 |
| 16. Remate de males | 205 |

*Introdução*:
## A Última Batalha — 211

| | |
|---|---|
| 1. No Lago do Caldeirão | 214 |
| 2. A precipitação do rei | 215 |
| 3. Sua Majestade, o macaco | 216 |
| 4. O que aconteceu naquela noite | 220 |

| | | |
|---|---|---|
| 5. | Chega auxílio para o rei | 221 |
| 6. | Um bom trabalho noturno | 223 |
| 7. | Vivam os anões! | 224 |
| 8. | As novas que a águia trouxe | 226 |
| 9. | A grande reunião na Colina do Estábulo | 228 |
| 10. | Quem entrará no estábulo? | 229 |
| 11. | Acelera-se o passo | 231 |
| 12. | Pela porta do estábulo | 233 |
| 13. | Os anões não se deixam tapear | 234 |
| 14. | Cai a noite sobre Nárnia | 236 |
| 15. | Para cima e avante! | 238 |
| 16. | Adeus às Terras Sombrias | 240 |

*Epílogo* 243
*Índice das Escrituras* 250

# Prólogo

Quantos de nós ao terminar a leitura de um dos livros de Nárnia (ou qualquer livro de Lewis), não o abandonamos no colo e deixamos nossos olhos vagarem questionando-se: De onde ele obteve uma visão de tal varredura cósmica? Como conseguiu entender tão profundamente os anseios humanos? Como ele poderia saber tanto sobre a complexa mistura do mal e bem, no mundo em geral e em cada coração humano? O que conta para a energia e urgência? Por que estes livros atingem profundamente minhas esperanças e temores? A resposta mais importante para cada uma destas perguntas é: a Bíblia. O coração de Lewis pertencia a Jesus, e a mente do autor estava cheia de conhecimentos bíblicos.

Esclarecendo, há poucos que conhecem as línguas, literatura, história e filosofia da raça humana tão profundamente, mas C. S. Lewis interpretou todo este aprendizado à luz das Escrituras. *Descubra Nárnia — Verdades em As Crônicas de Nárnia, de C. S. Lewis*, da autora Christin Ditchfield ilustra ricamente como isto é verdade, ao exibir parte por parte, como cada livro nos sete volumes de *As Crônicas de Nárnia* (Ed. Martins Fontes, 2010) está cheio de paralelos e de conhecimentos bíblicos. Não importa quantas vezes lemos estes livros, há sempre algo novo a ser descoberto.

Um amigo certa vez disse que uma das melhores coisas ao sermos pais é termos uma desculpa para reler todos os livros de Nárnia. Se você estiver lendo os livros para as crianças que participam da sua vida ou se tiver o sentimento de que há mais coisas a serem descobertas e que ainda não foram, este livro *Descubra Nárnia — Verdades em As Crônicas de Nárnia, de C. S. Lewis* o ajudará a juntar a riqueza deste conhecimento ao ensino bíblico, e aos poucos, aplicá-lo à vida.

Lewis tinha o que poderíamos chamar de imaginação bíblica. As verdades sobre Deus — sobre o plano de Deus para a história da humanidade, os reinos do bem e do mal e a ética que flui de um entendimento do caráter de Deus — essas e outras informações são encontradas em tudo o que escreveu. Entretanto, ao escrever essas histórias, Lewis não estava fazendo alegoria das Escrituras. Como ele diz: "Comigo toda a ficção começa com fotografias na minha mente" — algumas delas estavam lá desde os 16 anos. Mas no desenrolar dos contos, por sua mente estar tão encharcada com as Escrituras, ele escreveu histórias de natureza paralela e profundo teor teológico. Simplesmente, era parte do que ele era e de como sua mente trabalhava. Neste sentido, Lewis trabalhava da Bíblia para as histórias. Neste livro sobre as verdades a autora trabalha das histórias para a Bíblia. Compreender o livro *Descubra Nárnia* não somente aumentará nosso entendimento e admiração por *As Crônicas de Nárnia*, mas nos educará no escopo da Bíblia e sua relevância para a vida diária.

Um guia de tal solidez e clareza só poderia ter sido escrito por alguém com completo conhecimento da obra de Lewis (e não somente das *Crônicas*) e da Bíblia. Como cristã Ditchfield demonstra como o conhecimento bíblico de Lewis vai do Gênesis ao Apocalipse. O que me cativou na primeira leitura destas *Verdades* foi perceber a importância do Antigo Testamento para o cenário de Nárnia e para as questões da vida contemporânea.

Lewis levou a sério o mandamento bíblico de levar "…todo o pensamento cativo [ a ] Cristo". Este livro é uma valiosa orientação para cumprirmos este objetivo. Se você procurava uma maneira de impulsionar o seu momento devocional particular ou familiar, sua busca pode ser concluída com a leitura deste livro.

—*Wayne Martindale,*
Professor de Inglês, Faculdade Wheaton.

# Prefácio

Eu tinha sete anos de idade, quando pela primeira vez, recebi uma cópia de *O Leão, a Feiticeira e o Guarda-Roupa* (Ed. Martins Fontes, 2010). Desconhecia o impacto profundo e duradouro que teria em minha vida. Devorei rapidamente a coleção inteira de Nárnia. Nos anos seguintes eu li cada um dos livros mais de uma dúzia de vezes, até que, literalmente, eles se desfizeram. Cada vez que os leio, mais os aprecio; e, como milhares de outras pessoas, descobri que há muito mais em *As Crônicas de Nárnia* do que os olhos podem ver. Há histórias dentro das histórias, *As Crônicas* estão cheias de verdades escondidas, de mistérios profundos e de tesouros espirituais.

C. S. Lewis insistia que *As Crônicas* não são alegorias, embora muitas pessoas as descrevam assim. Falando tecnicamente, isto é verdade. Numa alegoria cada personagem e acontecimentos é um símbolo de outra coisa. Muitos personagens e eventos em Nárnia nada representam em particular — são simplesmente personagens de aventuras maravilhosas e fantásticas que Lewis criou. Mas outros, com certeza, representam alguma coisa, algo do reino espiritual. E embora Lewis não tenha tido a intenção inicial de escrever histórias que ilustrariam as verdades mais importantes da fé cristã, essencialmente, foi isso que ele fez.

Jesus disse, "A boca fala do que está cheio o coração" (Mateus 12:34). Consciente, às vezes, inconscientemente, Lewis intercalou verdades bíblicas poderosas, em cada capítulo e em cada cena em *As Crônicas*. Sua fé profundamente enraizada encontrou naturalmente sua forma de expressão, em tudo que escreveu.

No quinto livro, *A Viagem do Peregrino da Alvorada* (Ed. Martins Fontes, 2010), o grande Leão Aslam diz às duas crianças Pevensies que suas aventuras em Nárnia acabaram, e que não retornariam mais a esse país. Edmundo e Lúcia ficaram terrivelmente tristes.

—Como poderemos viver sem vê-lo?
—Você há de encontrar-me, querida — disse Aslam.
—Está também em nosso mundo? — perguntou Edmundo.
—Estou. Mas tenho outro nome. Têm de aprender a conhecer-me por esse nome. Foi por isso que os levei a Nárnia, para que, conhecendo-me um pouco, venham a conhecer-me melhor.

Anos atrás, depois de ler esse trecho em *A Viagem do Peregrino da Alvorada* uma garota chamada Hila escreveu a C. S. Lewis, perguntando-lhe o outro nome de Aslam. Lewis respondeu, "Bem, eu quero que você adivinhe. Houve alguém neste mundo que:
1. chegou ao mesmo tempo em que o Papai Noel,
2. disse que ele era o filho do Grande Rei,
3. entregou-se pelas culpas dos outros para ser massacrado e morto por pessoas más,
4. ressuscitou,
5. às vezes é chamado de o cordeiro (veja o final do capítulo *A Viagem do Peregrino da Alvorada*.

Você realmente não sabe Seu nome neste mundo? Pense novamente e conte-me a sua resposta".

As aventuras de Edmundo e Lúcia em Nárnia ajudaram-lhes a conhecer Aslam (Jesus) melhor, e nossas aventuras em Nárnia podem fazer o mesmo por nós. Mas, às vezes, como a pequena Hila, perdemos as verdades mais profundas por trás das histórias. Este livro foi escrito para ajudar os leitores a identificar e entender alguns dos muitos tesouros espirituais existentes em *As Crônicas de Nárnia*.

Para cada capítulo de cada livro de *As Crônicas*, você encontrará um verso-chave que reflete um dos principais temas espirituais do capítulo. Você também encontrará uma lista de paralelos e princípios bíblicos. Em alguns casos esta informação mostrará quais eventos são semelhantes em Nárnia — ou até idênticos — às histórias bíblicas. Em outros casos, indica em que parte um elemento da história de Lewis em particular ilustra um importante princípio bíblico. O capítulo concluirá com um fato interessante ou item a ponderar e alguns textos adicionais que você poderá ler, relacionado a um tópico previamente mencionado.

Pais, avós e professores que leem com as crianças podem usar o material deste livro para iniciar um diálogo ou até aumentar o momento da história para uma leitura bíblica e devocional familiar. Se você planeja usar o livro desta maneira, seria melhor não tentar cobrir todo o material de cada capítulo. Em vez disso, escolha um ou dois pontos que pareçam ser mais interessantes e significativos para você, e parta dali.

Meu desejo e oração é que este livro ajude aqueles que querem ganhar um entendimento mais profundo e uma maior apreciação de *As Crônicas de Nárnia,* e que tendo lido este livro, seu amor pela série original seja ainda maior. Finalmente, que você possa desenvolver um amor mais profundo pela fonte de inspiração de Lewis: a Palavra de Deus.

—*Christin Ditchfield*

# O Sobrinho
DO MAGO

*Introdução*
# O Sobrinho do Mago

No parágrafo de abertura de *O Sobrinho do Mago* (Ed. Martins Fontes, 2010), somos informados que estamos prestes a ler uma história "importante" porque mostra "como começaram todas as idas e vindas entre o nosso mundo e a terra de Nárnia". Após escrever outros cinco livros sobre Nárnia, C. S. Lewis decidiu voltar atrás e contar aos leitores a história da criação de Nárnia (por sugestão de Lewis, os editores mais tarde renumeraram a série e *O Sobrinho do Mago* tornou-se o primeiro livro).

Quando o tio André — o mago — ilude seu sobrinho Digory e a vizinha, a garota Polly a experimentarem seus anéis mágicos, as crianças descobrem que existem inúmeros mundos além do nosso. Eles primeiramente visitam Charn — um mundo antigo em ruínas e falido, destruído pela maldade e corrupção de seu povo. Jadis é a última sobrevivente de Charn e responsável por sua destruição (esta rainha malvada mais tarde se torna a Feiticeira Branca em *O Leão, a Feiticeira e o Guarda-Roupa*). Jadis agarra Digory e acompanha as crianças de volta ao nosso mundo, onde ela começa a destruir a cidade de Londres. Numa tentativa de fazê-la retornar a Charn, as crianças acidentalmente encontram Nárnia — no momento em que Aslam a chama à existência. Eles são testemunhas oculares da miraculosa criação de um glorioso mundo novo. Mas a beleza e perfeição de Nárnia são quase que imediatamente manchadas pela presença de Jadis, pois Digory sem querer a trouxe junto. Incapaz de ficar na presença do grande Leão, Jadis foge para o Norte. Ela voltará para ameaçar Nárnia.

A história do *Sobrinho do Mago* é essencialmente a história da Criação e da queda do Homem. Digory é o responsável por trazer o mal (Jadis) a Nárnia.

"Portanto, assim como por um só homem entrou o pecado no mundo, e pelo pecado, a morte..." (Romanos 5:12). Aslam profetiza: "O pecado virá daquele mal, mas ainda há um longo caminho, e eu farei que o pior recaia sobre mim... E como a descendência de Adão fez o dano, essa mesma descendência ajudará a curá-lo". Isto prenuncia a história de *O Leão, a Feiticeira e o Guarda-Roupa* — assim como a promessa de Deus a Adão e Eva em Gênesis 3:15 prediz a derrota de Satanás pela morte na cruz, ao Jesus destruir o poder do pecado e da morte através do sacrifício de Sua própria vida pelas nossas.

O poder é o tema central de *O Sobrinho do Mago* — o poder do orgulho, da tentação, do pecado e do mal. Jadis, como Satanás, é totalmente corrompida pelo desejo de poder e domínio sobre outros. O tio André devotara sua vida inteira na aquisição do conhecimento secreto e poder misterioso através de experimentos "científicos" com o ocultismo. Até Digory é tentado pelo desejo do poder, embora sua motivação seja boa: ele quer o poder para salvar sua mãe moribunda. No final, só recusando a posse do poder — e obedecendo as ordens de Aslam — é que Digory e sua mãe são salvos.

Digory descobre o poder da fé, o poder da confiança — o poder que vem da obediência e submissão à vontade de Deus. "...Porque, quando sou fraco, então, é que sou forte" (2 Coríntios 12:10). *O Sobrinho do Mago* também inclui ilustrações das seguintes verdades: "Ora, o homem natural não aceita as coisas do Espírito de Deus, porque lhe são loucura; e não pode entendê-las, porque elas se discernem espiritualmente" (1 Coríntios 2:14). "Em todo tempo ama o amigo, e na angústia se faz o irmão" (Provérbios 17:17) e "Como um pai se compadece de seus filhos, assim o Senhor se compadece dos que o temem" (Salmo 103:13).

Estas lições são só um pouco dos tesouros espirituais que você descobrirá ao testemunhar a criação de Nárnia, com *O Sobrinho do Mago*.

# 1. A porta errada

*Com arrogância, os ímpios perseguem o pobre;*
*sejam presas das tramas que urdiram.*
—Salmo 10:2

## PARALELOS E PRINCÍPIOS BÍBLICOS

- As duas crianças compartilham uma imaginação ativa e o amor pelo mistério e aventura. A Bíblia encoraja os cristãos a buscarem as verdades escondidas e os tesouros espirituais: "A glória de Deus é encobrir as coisas, mas a glória dos reis é esquadrinhá-las" (Provérbios 25:2).

- Por um tempo, parece que o tio André está tentando alcançar Digory. Neste momento as duas crianças são pegas desatentas. Descrevendo o comportamento dos maus, o Salmo 56:6 diz: "Ajuntam-se, escondem-se, espionam os meus passos…". Assim, o salmista ora: "Guarda-me dos laços que me armaram e das armadilhas dos que praticam iniquidade" (Salmo 141:9). Em Mateus 24:4 Jesus disse aos Seus discípulos: "Vede que ninguém vos engane".

- O alarme de Polly se evapora quando o tio André a cumprimenta. Ela baixa sua guarda e caminha diretamente para a armadilha dele. O salmista observou: "...Porque já não há homens piedosos [...] Falam com falsidade uns aos outros, falam com lábios bajuladores e coração fingido" (Salmo 12:1-2). Romanos 16:18 explica: "...com suaves palavras e lisonjas, enganam o coração dos incautos".

### *Você sabia?*
Digory diz que seu tio tem "olhos horríveis". É a expressão impaciente, gananciosa do tio André que alerta Digory para o perigo dos anéis. Você sabe ao que a Bíblia compara os olhos de uma pessoa?
(Dica: leia Mateus 6:22-23)

### *Versículos sobre ficar alerta*
- 1 Pedro 5:8-9
- 1 Coríntios 16:13-14
- Efésios 5:15-16

# 2. Um diálogo estranho

*Para o justo, o iníquo é abominação,*
*e o reto no seu caminho é abominação ao perverso.*
—Provérbios 29:27

## PARALELOS E PRINCÍPIOS BÍBLICOS
- O tio André se orgulha de seu intelecto superior, e crê que está acima da lei — ou seja, que as regras não se aplicam a ele. Isaías 5:21 adverte: "Ai dos que são sábios a seus

próprios olhos e prudentes em seu próprio conceito!". Salmo 119:118 nos diz que Deus rejeita aqueles que se afastam de Seus decretos. E Provérbios 28:9 afirma: "O que desvia os ouvidos de ouvir a lei, até a sua oração será abominável".

- O mago está obcecado em obter o conhecimento secreto (com certeza, não é a sabedoria divina que ele busca — ele adquire seu conhecimento de pessoas "diabólicas" em lugares perigosos e escuros). Paulo em 1 Timóteo 4:1 nos diz que algumas pessoas "...apostatarão da fé, por obedecerem a espíritos enganadores e a ensinos de demônios". Apocalipse 2:24 fala severamente daqueles que clamam ter aprendido as chamadas "coisas profundas de Satanás". 1 Coríntios 3:19 diz que "...a sabedoria deste mundo é loucura diante de Deus". E Tiago 3:15 explica: "Esta não é a sabedoria que desce lá do alto; antes, é terrena, animal e demoníaca".

- O tio André elogia os perversos e imorais, enquanto debocha dos decentes e retos. Ao descrever um homem perverso, o Salmo 10:3 observa: "Pois o perverso se gloria da cobiça de sua alma, o avarento maldiz o SENHOR e blasfema contra ele". Isaías 5:20 adverte: "...ai dos que ao mal chamam bem e ao bem, mal; que fazem da escuridão luz e da luz, escuridão...". "A ira do Senhor se acenderá contra eles, e eles serão destruídos" (Isaías 5:25).

- Digory fica horrorizado com o completo desdém do tio André pelo destino dos porquinhos da Índia — e sua total falta de interesse pelo bem-estar de Polly.

Provérbios 12:10 declara: "O justo atenta para a vida dos seus animais, mas o coração dos perversos é cruel". O Salmo 119:70 explica: "Tornou-se-lhes o coração insensível, como se fosse de sebo".

***Pense nisto!***
Digory diz ao seu tio: "Você é simplesmente um mago perverso e cruel como aqueles das histórias. Bem, eu nunca li uma história na qual as pessoas desse tipo não recebem o troco no final". De acordo com a Bíblia qual é o destino final de homens como o tio André?
(Dica: leia Apocalipse 21:8)

***Textos bíblicos sobre amar aos outros como a nós mesmos***
- Marcos 12:28-31
- 1 Coríntios 13:1-8
- 1 João 4:7-11

# 3. Um bosque entre dois mundos

*O que confia no seu próprio coração é insensato,*
*mas o que anda em sabedoria será salvo.*
—Provérbios 28:26

## PARALELOS E PRINCÍPIOS BÍBLICOS

- A fascinação do tio André com a magia negra — ou ocultismo — o levou a um experimento com os poderes que estão além de sua habilidade para entender ou controlar. Eclesiastes 8:8 adverte: "Não há nenhum homem que tenha domínio sobre o vento para o reter [...] nem tampouco a perversidade livrará aquele que a ela se entrega". Efésios 6:12 esclarece que existem poderes sobrenaturais. Os cristãos devem estar alertas e proteger-se contra "...os principados e potestades [...] contra as forças espirituais do mal, nas regiões celestes".

- Polly e Digory estão aterrorizados ao perceber como estão perto de cometer um erro estúpido. Através de todas *As Crônicas*, no meio das mais fantásticas aventuras, C. S. Lewis frequentemente relembra os leitores da importância de "guardar a mente". Este tema é repetido nas Escrituras também e Isaías 44:19 lamenta, "Nenhum deles cai em si...". Ageu 1:7 exorta: "Considerai o vosso passado". Efésios 5:15-16 adverte o povo de Deus: "Portanto, vede prudentemente como andais, não como néscios, e sim como sábios remindo o tempo, porque os dias são maus".

### *Você sabia?*

Diferente do tio André, Digory tem uma curiosidade sadia — uma sede por conhecimento e um amor pela aprendizagem que lhe servirá muito, bem mais tarde em sua vida (no papel de Professor Kirke, ele compartilha sua sabedoria e discernimento com os irmãos Pevensie em *O Leão, a Feiticeira e o Guarda-Roupa*). O que a Bíblia diz sobre o valor da sabedoria divina? (Dica: leia Provérbios 3:13-15)

### *Escrituras sobre buscar sabedoria e conhecimento*

- Provérbios 2:1-6
- Isaías 33:5-6
- Jó 32:6-9

# 4. O sino e o martelo

*Como cidade derribada, que não tem muros,
assim é o homem que não tem domínio próprio.*
—Provérbios 25:28

## PARALELOS E PRINCÍPIOS BÍBLICOS

- Note como rapidamente a curiosidade saudável de Digory se torna insalubre, quando ele permite que ela o controle. Ele se torna imprudente, cruel e egoísta — como seu tio André! "O sábio é cauteloso e desvia-se do mal, mas o insensato encoleriza-se e dá-se por seguro" (Provérbios 14:16). 1 Pedro 4:7 alerta os cristãos a serem "criteriosos e sóbrios". E em 2 Crônicas 19:6 lemos: "Vede o que fazeis…".

- Digory diz que ele não pode fazer nada — ele culpa o Mago. Mas Tiago 1:13-15 deixa claro que não podemos culpar alguém ou qualquer coisa por nossos erros. Somos responsáveis por nossas próprias escolhas: "Ninguém, ao ser tentado, diga: Sou tentado por Deus; porque Deus não pode ser tentado pelo mal e ele mesmo a ninguém tenta. Ao contrário, cada um é tentado pela sua própria cobiça, quando esta o atrai e seduz. Então, a cobiça, depois de haver concebido, dá à luz o pecado; e o pecado, uma vez consumado, gera a morte".

### *Pense nisto!*
Nem Polly nem Digory querem ser acusados de estar com medo — de coisa alguma. Cada um está determinado a enfrentar a situação com coragem e a prosseguir, mesmo quando o

julgamento de um ou de outro clama por cuidado. O que a Bíblia diz sobre como as pessoas sábias reagem ao perigo? (Dica: leia Provérbios 22:3)

***Textos bíblicos sobre evitar e resistir à tentação***
- Provérbios 4:13-15
- Romanos 6:12-13
- 1 Coríntios 10:13

# 5. A palavra execrável

*A memória do justo é abençoada,*
*mas o nome dos perversos cai em podridão.*
—Provérbios 10:7

## PARALELOS E PRINCÍPIOS BÍBLICOS

- Digory percebe que embora eles viessem de mundos diferentes, tio André e Jadis têm o mesmo espírito. Sobre tais pessoas, Romanos 1:29-31 diz: "...cheios de toda injustiça, malícia, avareza e maldade; possuídos de inveja, homicídio, contenda, dolo e malignidade [...] aborrecidos de Deus, insolentes, soberbos, presunçosos, inventores de males [...] insensatos, pérfidos, sem afeição natural e sem misericórdia".

- Charn nos dá uma ideia terrível do resultado final da perversidade desenfreada — destruição completa e total de uma civilização inteira. A Bíblia nos diz que o nosso mundo terá um fim semelhante. Em Mateus 24:6-7,29, Jesus disse: "...e certamente ouvireis falar de guerras e rumores de guerras [...] Porquanto se levantará nação contra nação, reino contra reino […] 'o sol escurecerá, a lua não dará a sua claridade'". Haverá fomes, pestes, inundações e terremotos (Mateus 24:7; Apocalipse 16). Sangue correrá pelas ruas (Apocalipse14:20). Mas, ao contrário de Charn, nossa história terá um final feliz. Deus promete resgatar aqueles que são Seus — Ele criará um novo Céu e uma nova Terra para todos que lhe são fiéis (Apocalipse 21:1-4).

## *Alguma semelhança?*
Os leitores do tempo de C. S. Lewis viam uma conexão direta entre "a palavra execrável" e a bomba atômica recém-desenvolvida. Mas Lewis não via a guerra nuclear como a pior ameaça à civilização moderna. (Na verdade, ele previu que a guerra biológica um dia poderia suplantá-la). "Como cristão, considero ponto pacífico o fato de que a história humana terminará algum dia", disse Lewis em sua obra *Deus no banco dos réus* (Thomas Nelson, 2018). A queda de Charn mostra que a ameaça derradeira — seja qual for — nasce da depravação do coração humano.

## *Textos sobre o destino dos ímpios*
- Filipenses 3:18-19
- 2 Tessalonicenses 1:9
- Salmo 37

# 6. Começam as complicações do tio André

*O aspecto do seu rosto testifica contra eles [...]*
*publicam o seu pecado e não o encobrem. Ai da sua alma!*
*Porque fazem mal a si mesmos.*
—Isaías 3:9

## PARALELOS E PRINCÍPIOS BÍBLICOS

- A comiseração inapropriada de Digory permite que Jadis escape da Floresta e siga as crianças ao nosso mundo. Ao falar dos perversos, ímpios, Deuteronômio 7:16 diz: "...os teus olhos não terão piedade deles [...], pois isso te seria por ciladas". Eclesiastes 7:26 adverte sobre "...a mulher cujo coração são redes e laços e cujas mãos são grilhões...". Efésios 4:27 adverte os cristãos a guardarem seus corações contra o mal: "...nem deis lugar ao diabo". Em Êxodo 22:18 Deus diz ao Seu povo nesse dia: "A feiticeira não deixarás viver".

- Jadis trata os outros como peões em sua busca por poder. O salmista orou por proteção contra pessoas como a Rainha: "Livra-me, Senhor, do homem perverso, guarda-me do homem violento cujo coração maquina iniquidades e vive forjando contendas. Aguçam a língua como a serpente; sob os lábios têm veneno de áspide" (Salmo 140:1-3).

- É importante que Polly e Digory façam as coisas certas e restaurem sua amizade, Efésios 4:26-27 nos adverte para não deixarmos o sol se pôr sobre a nossa ira. Colossenses 3:13 nos lembra como devemos agir: "Suportai-vos uns aos outros, perdoai-vos mutuamente, caso alguém tenha motivo de queixa contra outrem. Assim como o Senhor vos perdoou, assim também perdoai vós".

***Você sabia?***
Depois de tomar "uns goles daquelas bebidas nojentas de adultos" o tio André começa a perder a noção da realidade. Ele se esquece do seu medo inicial — e muito racional, de Jadis, e imagina-se como objeto do desejo dela. O que a Bíblia diz que o álcool fará com aqueles que abusarem dele?
(Dica: leia Provérbios 23:29-35).

***Textos sobre fugir dos ímpios***
- 2 Timóteo 3:1-5
- Efésios 5:11-12
- 1 Coríntios 15:33

# 7. O que aconteceu na rua

*Porque semeiam ventos e segarão tormentas…*
—Oseias 8:7

## PARALELOS E PRINCÍPIOS BÍBLICOS
- Tia Leta confunde Jadis, com seus braços nus, com uma artista circense (naquele tempo, as roupas usadas pelas pessoas da indústria do entretenimento eram muitas vezes consideradas indecentes pelas "pessoas decentes"). Apesar da mudança dos padrões da sociedade de um ano para outro, uma cultura para outra, as Escrituras dizem: "Da mesma sorte, que as mulheres, em traje decente, se ataviem com

modéstia e bom senso, não com cabeleira frisada e com ouro, ou pérolas, ou vestuário dispendioso, porém com boas obras (como é próprio às mulheres que professam ser piedosas)" (1 Timóteo 2:9-10).

- De volta ao seu estudo, tio André orgulhava-se de sua sabedoria, conhecimento e poder. Não era um homem comum, ele declarava que fora chamado à grandeza — um "destino elevado e acima de tudo" (Veja Parte 2, p.24). Quando sai cambaleando dos destroços de sua charrete, ele apresenta um quadro bem diferente. Provérbios 21:29 afirma que "O homem perverso mostra dureza no rosto". Mas, "A soberba precede a ruína, e a altivez do espírito, a queda" (Provérbios 16:18). Oseias 10:13 observa: "Arastes a malícia, colhestes a perversidade".

### *Alguma semelhança?*
A Bíblia nos diz que, uma vez, Israel foi governado por uma rainha má e sanguinária. Como Jadis seu nome também começava com J. Você se lembra dela?
(Dica: leia 1 Reis 18:1-4, 19,40 e 19:1-2.
Para saber mais sobre ela leia 1 Reis 21:1-23).

### *Textos sobre colher aquilo que semear*
- Provérbios 22:8
- Gálatas 6:7-9
- Oseias 10:12

# 8. A briga

*Onde estavas tu, quando eu lançava os fundamentos da terra [...]
quando as estrelas da alva, juntas, alegremente cantavam,
e rejubilavam todos os filhos de Deus?*
—Jó 38:4,7

## PARALELOS E PRINCÍPIOS BÍBLICOS

- Polly, Digory e os outros começam a perceber que estão testemunhando o nascimento de um novo mundo. Compare esta cena ao relato da criação em Gênesis 1:1-10,14-19. "A terra, porém, estava sem forma e vazia; havia trevas sobre a face do abismo, e o Espírito de Deus pairava por sobre as águas. Disse Deus: Haja luz; e houve luz" (vv.2-3).

- Em *O Sobrinho do Mago* aprendemos que Aslam não somente é o salvador de Nárnia (como em *O Leão, a Feiticeira e o Guarda-Roupa*), mas também o seu criador, a Bíblia diz que apesar de Jesus ter vindo à Terra há dois mil anos, Ele existia "...antes que houvesse mundo" (João 17:5). Colossenses 1:15-16 nos diz que Jesus "...é a imagem do Deus invisível, o primogênito de toda a criação, pois nele foram criadas todas as coisas, nos céus e sobre a terra, as visíveis e as invisíveis, sejam tronos, sejam soberanias, quer principados, quer potestades. Tudo foi criado por meio dele e para ele" (ver também João 1:1-3; 1 Coríntios 8:6; Efésios 3:9 e Hebreus 1:1-2).

- Para as crianças e o cocheiro, a voz de Aslam é linda. Mas tio André e Jadis não suportam nem o som dela. Romanos 8:7 nos diz: "Por isso, o pendor da carne é inimizade contra

Deus, pois não está sujeito à lei de Deus, nem mesmo pode estar". João 3:20 explica: "Pois todo aquele que pratica o mal aborrece a luz e não se chega para a luz, a fim de não serem arguidas as suas obras".

### *Você sabia?*
Aslam canta para trazer Nárnia à existência. A Bíblia nos diz que Deus também canta. Você sabe por quê?
(Dica: leia Sofonias 3:17)

### *Textos sobre cantar*
- Salmo 95:1-7
- Efésios 5:19-20
- Apocalipse 5:11-13

# 9. A criação de Nárnia

*Viu Deus tudo quanto fizera,*
*e eis que era muito bom.*
—Gênesis 1:31

## PARALELOS E PRINCÍPIOS BÍBLICOS

- Aslam continua sua criação de Nárnia. Compare esta cena com a de Gênesis 1:9-11,20-25 e 2:19. "Disse também Deus: Produza a terra seres viventes…" (Gênesis 1:24). Há também elementos muito similares à história de Noé em Gênesis 6–7: "De tudo o que vive, de toda carne, dois de cada espécie, macho e fêmea, farás entrar na arca…" (Gênesis 6:19). Estes animais foram especialmente escolhidos para repovoar a Terra depois do dilúvio.

- Aslam sopra sobre os animais e lhes dá o dom da fala. "Que os animais falem." Em Gênesis 2:7 lemos que Deus criou Adão e soprou em suas narinas "o fôlego de vida". E em João 20:22, Jesus soprou sobre Seus discípulos e disse-lhes: "...Recebei o Espírito Santo".

- Então "veio um clarão repentino como fogo [...] ou do céu ou do próprio Leão". Esta imagem é semelhante àquela de Atos 2:2-4, quando os discípulos receberam o Espírito Santo que Ele tinha prometido em João 20:22. "...de repente, veio do céu um som, como de um vento impetuoso [...] E apareceram, distribuídas entre eles, línguas, como de fogo, e pousou uma sobre cada um deles. Todos ficaram cheios do Espírito Santo e passaram a falar em outras línguas..." (Atos 2:2-4).

### *Você sabia?*
Ao testemunhar a criação de um novo e maravilhoso mundo, tudo o que o tio André consegue pensar era como poderia tirar vantagens dele. O que a Bíblia diz sobre aqueles que amam o dinheiro?
(Dica: leia Eclesiastes 5:10 e 1 Timóteo 6:9-10).

### *Textos sobre as maravilhas da criação*
- Salmos 8:3-9; 19:1-6; 148

# 10. A primeira piada

*Então, a nossa boca se encheu de riso,
e a nossa língua, de júbilo...*
—SALMO 126:2

## PARALELOS E PRINCÍPIOS BÍBLICOS

- Aslam adverte os Animais Falantes a não retornarem aos caminhos dos Animais Estúpidos ou deixariam de ser Animais Falantes: "Pois deles vocês foram gerados e a eles poderão retornar." Deus disse a Adão que a morte seria o resultado final de sua desobediência: "...porque tu és pó e ao pó tornarás" (Gênesis 3:19). As Escrituras nos dizem que muitas bênçãos de Deus são condicionais — elas dependem de nossa obediência e fidelidade às Suas ordens (Veja Deuteronômio 30:15-20).

- Quando os animais falam, tio André só ouve rugidos. Descrevendo pessoas como ele, Efésios 4:18 diz: "obscurecidos de entendimento, alheios à vida de Deus por causa da ignorância em que vivem, pela dureza do seu coração". Paulo escreve em 1 Coríntios: "Ora, o homem natural não aceita as coisas do Espírito de Deus, porque lhe são loucura; e não pode entendê-las, porque elas se discernem espiritualmente" (2:14).

### *Pense nisto!*

As criaturas de Nárnia incluem faunos, sátiros, gnomos, ninfas e "deuses e deusas" da floresta e do rio. Estes "deuses" não são como aqueles da mitologia grega — poderosos, divindades independentes. Em *As Crônicas* estes "deuses" são mais como duendes ou fadas — seres sobrenaturais, mas sujeitos ao seu criador. Em nosso mundo, eles seriam similares a anjos.

### *Textos sobre cegueira espiritual*
- Isaías 44:18
- Romanos 1:18-25
- Efésios 4:17-24

# 11. Digory e o tio em apuros

> *Portanto, assim como por um só homem*
> *entrou o pecado no mundo, e pelo pecado, a morte...*
> —ROMANOS 5:12

## PARALELOS E PRINCÍPIOS BÍBLICOS

- Digory, primeiramente, refere-se à chegada da feiticeira em Nárnia como um acidente. Depois ele tenta culpar o tio André ou o feitiço. As perguntas penetrantes de Aslam forçam-no a confrontar-se com a verdade, confessar seu pecado e responsabilizar-se por suas ações. Em Gênesis 3:8-13, Deus pergunta a Adão e Eva sobre o fato de terem comido o fruto proibido: "Comeste da árvore de que te ordenei que não comesses?". Eles tentaram culpar alguém ou alguma coisa no início, mas depois foram forçados a enfrentar a verdade e aceitar a responsabilidade por seu pecado.

- Digory pode ter trazido o diabo para Nárnia, mas ele não o criou. A Rainha perversa vem de outro mundo muito mais antigo do que Nárnia ou do nosso próprio mundo. A Bíblia nos diz que o diabo foi um anjo que liderou uma rebelião contra

Deus e foi lançado fora do Céu — muito antes da criação do mundo (Isaías 14:12-15; Lucas 10:18). Ele primeiro apareceu na Terra como uma serpente no Jardim do Éden, onde aparentemente sabotou com sucesso a nova e linda criação de Deus. Mas desde o princípio, Deus deixou muito claro que Ele teria a palavra final (Gênesis 3:15; João 1:14; 1 João 3:8).

- Aslam diz, "O mal virá desse mal, mas ainda há uma longa jornada, e cuidarei para que o pior caia em cima mim […] E como a raça de Adão trouxe a ferida, que a raça de Adão trabalhe para saná-la" (essa história é contada em *O Leão, a Feiticeira e o Guarda-Roupa*). Em Gênesis 3:15 Deus prometeu que Ele um dia esmagaria a cabeça da serpente: Um descendente de Adão a derrotaria. Esta profecia se cumpriu em Jesus. "E ele é a propiciação pelos nossos pecados e não somente pelos nossos próprios, mas ainda pelos do mundo inteiro" (1 João 2:2). Na cruz, o poder do pecado foi destruído e a humanidade foi reconciliada com Deus. Em 1 Coríntios 15:21-22, lemos a explicação: "Visto que a morte veio por um homem, também por um homem veio a ressurreição dos mortos. Porque, assim como, em Adão, todos morrem, assim também todos serão vivificados em Cristo".

- O Cocheiro ficaria contente em viver em Nárnia para sempre — se sua esposa estivesse ao seu lado. Portanto, Aslam a trouxe para ele. No Jardim do Éden, Adão precisava de uma esposa; então, Deus a criou e a trouxe até ele (Gênesis 2:20-23).

- Aslam elege os primeiros Rei e Rainha de Nárnia. Ele lhes dá a tarefa de dar nomes e governar sobre os animais, trabalhar o solo e povoar a Terra. Gênesis 2:15 nos diz: "Tomou, pois, o Senhor Deus ao homem e o colocou no Jardim do Éden para o cultivar e o guardar". Ele deu a Adão a tarefa de dar nomes aos animais (Gênesis 2:19-20). "E Deus os abençoou e lhes disse: Sede fecundos, multiplicai-vos, enchei a terra e sujeitai-a; dominai sobre os peixes do mar, sobre as aves dos céus e sobre todo animal que rasteja pela terra" (Gênesis 1:28).

## *Você sabia?*

O Cocheiro é um homem bom, decente e trabalhador cuja primeira reação em tempos difíceis é cantar um hino (Veja Parte 8, p.34). Ele sente-se como se já conhecesse Aslam, como Aslam diz que ele conhece, talvez porque ele conheça Aslam pelo nome que ele tem no nosso mundo. Você sabe qual é este nome? (Dicas: leia Filipenses 2:9-11. Se quiser saber mais sobre a identificação de Lewis do outro nome de Aslam, leia a introdução deste livro).

## *Escrituras sobre confissão e arrependimento*
- 2 Coríntios 7:10
- Atos 3:19
- 1 João 1:9

# 12. A aventura de Morango

*Como um pai se compadece de seus filhos,*
*assim o S<small>ENHOR</small> se compadece dos que o temem.*
*Pois ele conhece a nossa estrutura e sabe que somos pó.*
—S<small>ALMO</small> 103:13-14

## PARALELOS E PRINCÍPIOS BÍBLICOS

- Digory descobre que Aslam sabe e entende — e até compartilha — seu sofrimento. Isaías 53:3 descreve Jesus como "…um homem de dores e que sabia o que era padecer". As Escrituras nos falam de muitas ocasiões quando Jesus estava cheio de compaixão por aqueles que estavam sofrendo. (Por exemplo, veja Mateus 9:36; 20:34; 23:37; Marcos 1:41; Lucas 7:13). Jesus visitou Maria e Marta, cujo irmão tinha acabado de morrer. João 11:33 nos diz, "Jesus, vendo-a chorar, e bem assim os judeus que a acompanhavam, agitou-se no espírito e comoveu-se". Depois no versículo 35 diz: "Jesus chorou".

- Pluma diz a Digory que ele não tem dúvidas de que Aslam sabe do que eles precisam: "no entanto, eu tenho a impressão que ele prefere que lhe perguntem". Em Mateus 6:8, Jesus diz: "…o vosso Pai, sabe o de que tendes necessidade, antes que lho peçais". Depois, Ele dá instruções sobre como se deve orar. Só porque Deus já sabe, não significa que não devemos pedir. Salmo 62:8 nos diz: "…derramai perante ele o vosso coração…". Tiago 4:2 explica, "…Nada tendes, porque não pedis [a Deus]". Mateus 7:7 afirma: "Pedi, e dar-se-vos-á; buscai e achareis; batei, e abrir-se-vos-á".

***Pense nisto!***
Aslam dá um novo nome a Morango, e o chama de Pluma, "pai de todos os cavalos voadores". A Bíblia nos diz que frequentemente, quando as pessoas tinham um encontro com Deus, Ele mudava seus nomes para refletirem sua nova natureza ou chamado. Você se lembra de alguns exemplos?
(Dica: leia Gênesis 17:5,15-16; 32:28 e Mateus 16:17-18)

***Textos sobre asas***
- Salmos 17:6-8; 91:1-4
- Isaías 40:29-31

# 13. Um encontro inesperado

*Em verdade, em verdade vos digo:*
*o que não entra pela porta [...]*
*mas sobe por outra parte,*
*esse é ladrão e salteador.*
—João 10:1

## PARALELOS E PRINCÍPIOS BÍBLICOS

- Digory entra no jardim pelo portão; a Feiticeira pulou o muro. Em João 10, Jesus se compara a um pastor que cuida de Suas ovelhas. Ele também disse: "...eu sou a porta das ovelhas [...] Se alguém entrar por mim, será salvo [...] O ladrão vem somente para roubar, matar e destruir; eu vim para que tenham vida e a tenham em abundância" (vv.7-10). Mais adiante em João 14:6, Ele explica novamente: "Eu sou o caminho, e a verdade, e a vida; ninguém vem ao Pai senão por mim".

- O encontro de Digory com a Feiticeira no jardim de Aslam é muito similar ao encontro de Eva com a serpente no Jardim do Éden. Digory, como Eva, é mais tentado quando para e olha o fruto, cheira-o e considera o que este fruto poderia fazer por ele (ver Gênesis 3:6). Do mesmo modo que Jadis questiona Digory, a serpente questiona Eva — se seria realmente errado comer do fruto proibido. A serpente promete a Eva que se ela comesse do fruto ele lhe daria conhecimento, vida e poder. E sugere que Deus lhe tenha mentido, e de maneira cruel a está impedindo de experimentar algo maravilhoso que ela deseja e precisa. "Porque Deus sabe que no dia em que dele comerdes se vos abrirão os olhos e, como Deus, sereis conhecedores do bem e do mal" (Gênesis 3:5).

- Eva e Jadis aprendem a verdade em Provérbios 9:17-18: "As águas roubadas são doces, e o pão comido às ocultas é agradável. Eles, porém, não sabem…" que depois o doce se torna amargo. "Há caminho que ao homem parece direito, mas ao cabo dá em caminhos de morte" (Provérbios 14:12).

- Jadis incita Digory a cometer o erro [roubar] com o motivo certo [salvar sua mãe]. Satanás tentou Jesus desse modo no deserto (ver Mateus 4:1-11). Entretanto, a rebelião e a desobediência nunca são a escolha certa. Em vez disso, Tiago 4:7 insiste: "Sujeitai-vos, portanto, a Deus; mas resisti ao diabo, e ele fugirá de vós".

- Mesmo com grande dificuldade, Digory resiste à tentação de roubar o fruto. Tudo o que ele sabe, é que está desistindo de sua única chance de salvar sua mãe. Embora a obediência seja custosa, ela traz uma recompensa muito maior do que podemos imaginar. Em Mateus 16:25 Jesus explicou: "Porquanto, quem quiser salvar a sua vida perdê-la-á; e quem perder a vida por minha causa achá-la-á." Provérbios 3:5-6 nos encoraja: "Confia no SENHOR de todo o teu coração e não te estribes no teu próprio entendimento. Reconhece-o em todos os teus caminhos, e ele endireitará as tuas veredas".

## *Alguma semelhança?*

A árvore no jardim de Aslam tem poder de dar vida. A Bíblia nos diz que o Céu estará cheio destas árvores. "O seu fruto servirá de alimento, e a sua folha, de remédio" (Ezequiel 47:12). Existe também uma Árvore da Vida muito especial (Gênesis 2:9; Apocalipse 22:14). Você sabe quem apreciará o fruto desta árvore?

(DICA: LEIA APOCALIPSE 22:1-4,14-15)

## *Textos sobre a vida eterna*

- João 3:16
- 1 João 5:11-12,20
- 1 Timóteo 1:15-17

## 14. Planta-se uma árvore

*Ele te declarou, ó homem, o que é bom e que é o que o Senhor
pede de ti: que pratiques a justiça,
e ames a misericórdia, e andes humildemente com o teu Deus.*
—Miqueias 6:8

### PARALELOS E PRINCÍPIOS BÍBLICOS

- Quando Digory retorna, Aslam o cumprimenta com um "Agiu bem". Na parábola dos talentos, Jesus descreve como Deus responderá à obediência daqueles que o servem: "Muito bem, servo bom e fiel; foste fiel no pouco, sobre o muito te colocarei; entra no gozo do teu senhor" (Mateus 25:21).

- As crianças notam que Franco e Helena parecem muito diferentes "do que eram antes". Agora em Nárnia, eles se despiram "...do velho homem com os seus feitos e vos revestistes do novo homem que se refaz para o pleno conhecimento, segundo a imagem daquele que o criou" (Colossenses 3:9-10; Efésios 4:22-24). 2 Coríntios 5:17 diz: "E, assim, se alguém está em Cristo, é nova criatura; as coisas antigas já passaram; eis que se fizeram novas!".

- Aslam diz que não pode fazer nada pelo tio André porque "ele se colocou fora do alcance da minha voz". Indiferente a tudo o que Jesus disse e fez, e apesar dos sinais e maravilhas que Ele realizou, muitas pessoas não creriam nele. "Porque, vendo, não veem; e, ouvindo, não ouvem, nem entendem" (Mateus 13:13). "Nada sabem, nem entendem; porque se lhes grudaram os olhos, para que não vejam, e o seu coração já não pode entender" (Isaías 44:18). Sabemos que em alguns lugares Jesus não pôde realizar muitos milagres "...por causa da incredulidade deles" (Mateus 13:58; veja também Marcos 6:5).

- Para o povo de Nárnia o perfume da Árvore é "alegria, vida e saúde", mas "morte, horror e desespero" para a Feiticeira. A Bíblia nos diz que como cristãos nós temos o mesmo efeito sobre as pessoas. "Porque nós somos para com Deus o bom perfume de Cristo, tanto nos que são salvos como nos que se perdem Para com estes, cheiro de morte para morte; para com aqueles, aroma de vida para vida. Quem, porém, é suficiente para estas coisas?" (2 Coríntios 2:15-16). Em outras palavras, os companheiros cristãos e aqueles que desejam ser salvos serão atraídos a nós. Aqueles que não querem ser salvos odiarão até o nosso "perfume", pois são lembrados de sua iniquidade e do castigo eterno que os aguarda.

- Digory percebe que há coisas "mais pavorosas do que a morte de quem se ama". Em sua vida adulta, C. S. Lewis recebeu conforto através desta verdade ao refletir sobre a perda de sua própria mãe. (Ela morreu de câncer quando ele tinha apenas nove anos de idade). Para os cristãos a morte é somente uma entrada para o Céu. "Nem olhos viram, nem ouvidos ouviram, nem jamais penetrou em coração humano o que Deus tem preparado para aqueles que o amam" (1 Coríntios 2:9).

- Aslam recompensa a obediência de Digory dando-lhe o fruto que ele sentiu-se tentado a roubar — a maçã que trará cura para sua mãe. O Salmo 37:4-5 afirma: "Agrada-te do S<small>ENHOR</small>, e ele satisfará os desejos do teu coração. Entrega o teu caminho ao S<small>ENHOR</small>, confia nele, e o mais ele fará".

## Alguma semelhança?

Aslam compreende as experiências de Digory — a luta e o sacrifício que a obediência exige. "Para obter este fruto, passou fome e sede e derramou lágrimas". A história de Digory será contada em Nárnia pelas gerações que virão. A Bíblia nos fala de uma mulher que fez algo muito especial para Jesus e Ele lhe disse que ela seria sempre lembrada por sua atitude. Você sabe o que ela fez?

(DICA: LEIA MARCOS 14:3-9)

## Textos sobre as recompensas da obediência

- Tiago 1:12
- João 14:21
- Salmo 1

# 15. Fim desta história e começo de todas as outras

*Gozo e alegria alcançarão, e deles fugirá a tristeza e o gemido.*
—ISAÍAS 35:10

## PARALELOS E PRINCÍPIOS BÍBLICOS

- Aslam avisa as crianças que o seu mundo está para se tornar como Charn. As Escrituras nos dizem: "Sabe, porém, isto: nos últimos dias, sobrevirão tempos difíceis, pois os homens serão egoístas, avarentos, jactanciosos, arrogantes, blasfemadores, desobedientes aos pais, ingratos, irreverentes, desafeiçoados, implacáveis, caluniadores, sem domínio de si, cruéis, inimigos do bem, tendo forma de piedade, negando-lhe, entretanto, o poder" (2 Timóteo

3:1-5). Nosso mundo eventualmente será destruído, mas em Apocalipse 21:1-4; 22:1-5, aprendemos que Deus criará um glorioso novo Céu e uma nova Terra para todos os que permanecerem fiéis a Ele.

- Como foi mencionado nas notas da Parte 5, p.29, os leitores do tempo de C. S. Lewis viam uma ligação direta entre "a palavra execrável" e a recém desenvolvida bomba atômica, mas Lewis não estava alertando que a guerra nuclear seria a ameaça final à civilização moderna. Na verdade, ele predisse que a guerra biológica poderia um dia suplantá-la. Lewis escreveu em *Deus no banco dos réus* (Thomas Nelson, 2018): "Como cristão, considero ponto pacífico o fato de que a história humana terminará algum dia". O ponto que ele quer enfatizar não é a preocupação com uma arma específica que pode ser desenvolvida, mas perceber a capacidade para o mal que existe em nossa natureza corrompida. A ameaça final, seja qual for, nascerá da depravação do coração humano.

- Digory está emocionado por testemunhar a milagrosa recuperação de sua mãe. Sua obediência sacrificial foi verdadeiramente recompensada. Salmo 34:4-5,8 diz: "Busquei o SENHOR, e ele me acolheu; livrou-me de todos os meus temores. Contemplai-o e screis iluminados, e o vosso rosto jamais sofrerá vexame. Oh! Provai e vede que o SENHOR é bom; bem-aventurado o homem que nele se refugia".

- Do começo ao fim de suas aventuras, Polly e Digory compartilharam a bênção da verdadeira amizade. Eles experimentaram a verdade de Eclesiastes 4:9-11: "Melhor é serem dois do que um [...] Porque se caírem, um levanta o companheiro [...] Também, se dois dormirem juntos, eles se aquentarão; mas um só como se aquentará? Se alguém quiser prevalecer contra um, os dois lhe resistirão". Como Provérbios 17:17 observa: "Em todo tempo ama o amigo, e na angústia se faz o irmão".

## *Alguma semelhança?*
Aqui descobrimos a origem do misterioso guarda-roupa que transportou os irmãos Pevensie às suas aventuras em Nárnia em *O Leão, a Feiticeira e o Guarda-Roupa*. Quando C. S. Lewis era um menino, ele e seu irmão, Warnie, subiam num grande e velho guarda-roupa e contavam um ao outro suas próprias aventuras. Mais de 40 anos depois, Lewis começou a escrever para crianças, "histórias dentro de histórias" que tinham um significado muito especial para aqueles que as entendiam. Alguém na Bíblia contou histórias que tinham significados secretos. Você sabe quem foi?
(Dica: leia Marcos 4:33-34 e Mateus 13:34-35)

## *Textos sobre inícios e fins*
- Isaías 43:18-19
- Eclesiastes 3:11
- Apocalipse 22:13

# O Leão,
# a Feiticeira e o
# GUARDA-ROUPA

*Introdução*

# O Leão, a Feiticeira e o Guarda-Roupa

> Na realidade, entretanto, ele [Aslam] é uma invenção na tentativa de responder à pergunta imaginária: "Como Cristo seria se realmente houvesse um mundo como Nárnia e Ele escolhesse encarnar, morrer e ressuscitar, como já o fez em nosso mundo?".
>
> —C. S. Lewis, em carta para um amigo

Esta é a premissa do primeiro livro sobre Nárnia — o livro mais famoso e querido em *As Crônicas* — aquele que começou tudo: *O Leão, a Feiticeira e o Guarda-Roupa* (Tornou-se conhecido como o Livro dois quando *O Sobrinho do Mago* foi lançado, e os editores decidiram renumerar a série de acordo com a cronologia das próprias histórias).

A aventura começa quando Pedro, Susana, Edmundo e Lúcia entram em Nárnia aos trambolhões pela porta do guarda-roupa misterioso — um mundo encantado de bestas falantes, faunos, gnomos, gigantes e outras criaturas maravilhosas. As crianças descobrem que Nárnia está escravizada — cativa por 100 anos sob a magia da malvada Feiticeira Branca. "Ela fizera ser sempre inverno e nunca Natal."

As profecias prenunciaram o final do reinado da Feiticeira. Um dia, Aslam retornará para Nárnia. Aslam é o grande Leão, o Rei dos Animais, Filho do Imperador de Além-Mar.

> O mal será bem quando Aslam chegar,
> Ao seu rugido, a dor fugirá,
> Nos seus dentes, o inverno morrerá,
> Na sua juba, a flor há de voltar.

Além disso, como diz o ditado, dois "filhos de Adão" e duas "filhas de Eva" sentar-se-ão um dia nos quatro tronos no Cair Paravel e governarão como reis e rainhas de Nárnia. Será que a libertação de Nárnia estaria próxima?

Durante anos, milhares de leitores têm se emocionado ao descobrir "a história dentro da história" de *O Leão, a Feiticeira e o Guarda-Roupa*. É a história do Evangelho — a história da salvação. No sentido geral, todos de Nárnia aguardam a libertação do domínio da Feiticeira Branca. A própria terra anseia estar livre do cativeiro — para retornar à paz, à alegria e beleza da vida de outrora. "A ardente expectativa da criação aguarda a revelação dos filhos de Deus [...] na esperança de que [...] será redimida do cativeiro da corrupção, para a liberdade da glória dos filhos de Deus" (Romanos 8:19-21).

É também uma história de salvação pessoal — e do sacrifício pessoal que torna a salvação possível. Edmundo cai sob o feitiço da Feiticeira Branca. Ele sucumbe ao seu próprio orgulho, egoísmo, ganância e luxúria. Ele se torna um traidor. De acordo com a Mágica Profunda [ou lei] sobre a qual Nárnia foi fundada, Edmundo deve pagar a penalidade com sua vida. "O salário do pecado é a morte" (Romanos 6:23). "E, sem derramamento de sangue, não há remissão" (Hebreus 9:22).

A única esperança para Nárnia e Edmundo é Aslam. Somente Aslam — aquele que criou Nárnia — pode agora libertá-la do poder da Feiticeira. "...Para isto se manifestou o Filho de Deus: para destruir as obras do diabo"(1 João 3:8).

E é Aslam quem entregará sua própria vida por Edmundo, tomando sobre si a punição dele e morrendo em seu lugar. "Mas Deus prova o seu próprio amor para conosco pelo fato de ter Cristo morrido por nós, sendo nós ainda pecadores" (Romanos 5:8). Por fim, ao sofrer uma morte repleta de agonia e tortura nas mãos da Feiticeira Branca, Aslam liberta Nárnia e Edmundo. Há uma "Magia ainda mais Profunda" — uma lei maior — trabalhando:

> Se uma vítima voluntária, inocente de traição, fosse executada no lugar de um traidor, a mesa estalaria e a própria morte começaria a andar para trás.

Com o sacrifício de Aslam sobre a Mesa de Pedra, o poder do pecado e da morte foi quebrado. A ressurreição de Aslam marca o começo da Era Dourada de Nárnia — um tempo de alegria, paz e prosperidade sem precedentes.

A Bíblia nos diz que "Cristo nos resgatou da maldição da lei..." (Gálatas 3:13) e que Deus "...nos libertou do império das trevas e nos transportou para o reino do Filho do seu amor no qual temos a redenção, a remissão dos pecados" (Colossenses 1:13-14).

Além dos temas da salvação, redenção, restauração e/ou reconciliação, *O Leão, a Feiticeira e o Guarda-Roupa* inclui também as seguintes ilustrações:

- A maldade e o engano do inimigo das nossas almas (João 8:44).
- O poder do pecado — e suas consequências (Tiago 1:14-15).
- O constante temor e reverência a Deus, que é bom e terrível ao mesmo tempo (Deuteronômio 7:21; Salmo 99:3).

Estes são alguns dos tesouros espirituais que você descobrirá ao começar sua própria aventura com *O Leão, a Feiticeira e o Guarda-Roupa*!

# 1. Uma estranha descoberta

> *Alegra-te [...] na tua juventude [...]*
> *anda pelos caminhos que satisfazem ao teu coração*
> *e agradam aos teus olhos.*
> —Eclesiastes 11:9

## PARALELOS E PRINCÍPIOS BÍBLICOS

- Lúcia descobre que há muito mais em relação ao misterioso guarda-roupa do que os olhos veem. Jesus disse aos Seus discípulos que não julgassem as coisas por sua aparência (João 7:24). A Bíblia frequentemente refere-se à descoberta de verdades e tesouros escondidos como a revelação de mistérios: "As cousas encobertas pertencem ao Senhor" (Deuteronômio 29:29). "Ele revela o profundo e o escondido..." (Daniel 2:22). "A glória de Deus é encobrir as cousas, mas a glória dos reis é esquadrinhá-las" (Provérbios 25:2).

- Duas vezes Lewis menciona que Lúcia deixou aberta a porta do guarda-roupa "porque bem sabia que é uma estupidez uma pessoa fechar-se num guarda-roupa". As Escrituras com frequência nos relembram do valor da sabedoria e da prudência. "...mas o prudente atenta para os seus passos" (Provérbios 14:15; 14:8,16).

## *Você sabia?*

Lúcia é levada cada vez mais para dentro do guarda-roupa pela luz de um lampião. O que as Escrituras chamam de "lâmpada"? E quem é a "luz"?

(DICA: LEIA SALMO 119:105 E JOÃO 8:12)

## *Textos sobre descobrir as coisas secretas de Deus*
- 1 Coríntios 2:7-13
- Romanos 11:33-36
- Colossenses 2:2-3

# 2. O que Lúcia encontrou

*Com a boca fala cada um de paz com o seu companheiro,*
*mas no seu interior lhe arma ciladas.*
—JEREMIAS 9:8

## PARALELOS E PRINCÍPIOS BÍBLICOS

- Quando Lúcia concorda em tomar chá com o Sr. Tumnus, ela cai numa armadilha. O salmista orou muitas vezes pedindo proteção contra seus inimigos: "Guarda-me dos laços que me armaram e das armadilhas dos que praticam iniquidade" (Salmo 141:9; ver Salmos 59:1-4; 119:86; 143:9). Ele pediu a Deus que lhe mostrasse seus planos perversos e recebeu conforto na certeza de que "O SENHOR guarda a todos os que o amam…" (Salmo 145:20; ver Salmos 34:17; 40:1-2; 121).

- De repente o Sr. Tumnus sente o peso do pecado que está cometendo. "Pois já se elevam acima de minha cabeça as minhas iniquidades; como fardos pesados, excedem as minhas forças" (Salmo 38:4). Apesar de sua resposta inicial, o Sr. Tumnus percebe que não é tarde — ele ainda pode fazer o que é certo. Paulo em 2 Coríntios 7:10 nos diz: "Porque a tristeza segundo Deus produz arrependimento para a salvação, que a ninguém traz pesar; mas a tristeza do mundo produz morte". Atos 3:19 adverte-nos: "Arrependei-vos, pois, e convertei-vos para serem cancelados os vossos pecados".

### *Você percebeu?*
O Sr. Tumnus se refere à Lúcia como "Filha de Eva". De acordo com a Bíblia, todos os seres humanos descendem de Adão e Eva (Gênesis 3:20 afirma que Eva é "a mãe de todos os seres humanos"). Também somos descendentes espirituais de Adão e Eva, pois todos nós estamos sob a maldição do Éden (Gênesis 3:14-19). Herdamos de nossos primeiros pais a natureza pecaminosa e agora, como eles, temos a necessidade de um Salvador (Romanos 5:12-19).

### *Textos sobre arrependimento verdadeiro*
- Joel 2:12-13
- Salmo 51
- 1 João 1:9

## 3. Edmundo e o Guarda-Roupa

*O que despreza o próximo é falto de senso,*
*mas o homem prudente, este se cala.*
—Provérbios 11:12

### PARALELOS E PRINCÍPIOS BÍBLICOS

- Como irmão, Edmundo prova ser mesquinho, egoísta e cruel. Ele se diverte em debochar de Lúcia e busca maneiras de provocá-la. Provérbios 17:19 diz: "O que ama a contenda ama o pecado". Provérbios 18:21 adverte: "A morte e a vida estão no poder da língua; o que bem a utiliza come do seu fruto". Colossenses 3:12 nos diz como devemos nos comportar: "Revesti-vos, pois, como eleitos de Deus, santos e amados, de ternos afetos de misericórdia, de bondade, de humildade, de mansidão, de longanimidade". 1 Tessalonicenses 5:15 alerta: "Evitai que alguém retribua a outrem mal por mal; pelo contrário, segui sempre o bem entre vós e para com todos".

- Em muitos contos de fadas, a feiticeira branca é a boa feiticeira e a magia branca é a magia boa — oposta à magia "malévola", "escura" ou "negra". Mas em *O Leão, A Feiticeira e o Guarda-Roupa*, C. S Lewis usa o branco para representar o inverno e a morte. O autor retrata um mundo frio e sem cor, pois em Nárnia — e nas Escrituras —nada há que se assemelhe a uma "boa feiticeira". Deuteronômio 18:10-12 adverte: "Não se achará entre ti quem faça passar pelo fogo o seu filho ou a sua filha, nem adivinhador, nem prognosticador, nem agoureiro, nem feiticeiro; nem encantador, nem necromante, nem mágico, nem quem consulte os mortos;

pois todo aquele que faz tal coisa é abominação ao Senhor; e por estas abominações o Senhor, teu Deus, os lança de diante de ti".

### *Você sabia?*
Lúcia está dizendo a verdade, mas Edmundo não acredita em sua história sobre o guarda-roupa. A Bíblia nos fala de Alguém, cujos irmãos e irmãs também não criam no que Ele dizia. Você sabe quem é?
(Dica: leia João 7:3-5)

### *Textos sobre o amor entre irmãos*
- João 13:34-35
- 1 Pedro 3:8
- 1 Coríntios 13

# 4. Manjar Turco

*As águas roubadas são doces, e o pão comido às ocultas é agradável.*
—Provérbios 9:17

## PARALELOS E PRINCÍPIOS BÍBLICOS
- A Feiticeira Branca repentinamente muda seu tom com Edmundo e se apresenta como uma amiga. Mas 1 João 3:7 diz: "Filhinhos, não vos deixeis enganar por ninguém; aquele que pratica a justiça é justo, assim como ele é justo". 2 Coríntios 11:14-15 explica: "E não é de admirar, porque o próprio Satanás se transforma em anjo de luz [...] que os seus próprios ministros se transformem em ministros de justiça...". E "...porquanto, proferindo palavras jactanciosas de

vaidade, engodam com paixões carnais, por suas libertinagens, aqueles que estavam prestes a fugir dos que andam no erro" (2 Pedro 2:18). "…com suaves palavras e lisonjas, enganam o coração dos incautos" (Romanos 16:18).

- A ganância de Edmundo o faz perder sua capacidade de julgamento. Provérbios 23:1-3 previne: "Quando te assentares a comer com um governador, atenta bem para aquele que está diante de ti; mete uma faca à tua garganta, se és homem glutão. Não cobices os seus delicados manjares, porque são comidas enganadoras".

### *Pense nisto!*
A Bíblia nos diz repetidamente para resistir à tentação e obedecer aos mandamentos de Deus. O pecado, assim como o encantado Manjar Turco — produz o vício e nos separa de Deus. Tiago 1:14-15 explica: "Ao contrário, cada um é tentado pela sua própria cobiça, quando esta o atrai e seduz. Então, a cobiça, depois de haver concebido, dá à luz o pecado; e o pecado, uma vez consumado, gera a morte". Como a Bíblia diz que devemos lidar com a tentação?
(Dica: leia Tiago 4:7)

### *Textos sobre o verdadeiro deleite*
- Isaías 61:10
- Salmo 37:4
- Sofonias 3:17

# 5. Outra vez do lado de cá

*Alguém há cuja tagarelice é como pontas de espada,
mas a língua dos sábios é medicina.*
—Provérbios 12:18

## PARALELOS E PRINCÍPIOS BÍBLICOS

- Edmundo continua sendo malvado e desagradável para Lúcia. Provérbios 11:17 admoesta: "O homem bondoso faz bem a si mesmo, mas o cruel a si mesmo se fere".

- Lúcia se recusa a mudar sua história — ela conhece a verdade por si mesma, mesmo que ninguém acredite nela. Para aqueles que sofrem perseguição e experimentam a tentação de seguir o caminho mais fácil, as Escrituras dizem: "Portanto, meus amados irmãos, sede firmes, inabaláveis…" (1 Coríntios 15:58). "…falai a verdade cada um com o seu próximo…" (Zacarias 8:16), "…mantendo fé e boa consciência, porquanto alguns, tendo rejeitado a boa consciência…" (1 Timóteo 1:19).

- Assim como Pedro e Susana estavam preocupados com Lúcia, a Bíblia nos diz que os irmãos e irmãs de Jesus estavam preocupados com Ele. Eles não acreditaram quando Jesus disse que era o Filho de Deus: "E, quando os parentes de Jesus ouviram isto, saíram para o prender; porque diziam: Está fora de si" (Marcos 3:21).

## *Você sabia?*

Às vezes nossos amigos e família nos abandonam (ver Jó 19:19). Edmundo negou ter estado em Nárnia com Lúcia. Quando as

coisas ficaram difíceis, um dos amigos mais chegados de Jesus negou que o conhecia. Sabe quem foi?
(Dicas: leia Lucas 22:54-62)

### *Textos sobre comportamento desagradável*
- Salmo 57:4
- Tiago 4:1-3
- Gálatas 5:13-15

# 6. Na floresta

*Mas a vereda dos justos é como a luz da aurora,*
*que vai brilhando mais e mais até ser dia perfeito.*
—Provérbios 4:18

## PARALELOS E PRINCÍPIOS BÍBLICOS

- Apesar de Edmundo ainda recusar-se a reconhecer o malfeito, Pedro rapidamente se desculpa por não acreditar em Lúcia. "O que encobre as suas transgressões jamais prosperará; mas o que as confessa e deixa alcançará misericórdia" (Provérbios 28:13).

- As crianças entendem que têm responsabilidade com o Sr. Tumnus. Ele demonstrou compaixão por Lúcia. Isaías 16:3 ordena: "esconde os desterrados e não descubras os fugitivos". Isaías 1:17 ensina: "Aprendei a fazer o bem; atendei à justiça, repreendei ao opressor…". Hebreus 13:3 insiste: "Lembrai-vos dos encarcerados, como se presos com eles; dos que sofrem maus tratos, como se, com efeito, vós mesmos em pessoa fôsseis os maltratados". Provérbios 24:11 adverte: "Livra os que estão sendo levados para a morte…".

- Pedro e Edmundo debatem sobre poderem ou não confiar no Sr. Tumnus e Sr. Pintarroxo — embora Edmundo já tivesse feito uma aliança secreta e perigosa com a Feiticeira Branca. Provérbios 12:26 declara: "O justo serve de guia para o seu companheiro, mas o caminho dos perversos os faz errar".

*Pense nisto!*
Ao invés de admitir sua própria culpa, Edmundo culpa seu irmão e irmãs por estarem sendo duros com ele. Ele se consola com pensamentos de vingança. Como a Bíblia diz que devemos reagir àqueles que nos maltratam?
(Dica: leia Mateus 5:38-44)

*Textos sobre perdão e reconciliação*
- Efésios 4:32
- Lucas 17:3-4
- Colossenses 2:12-14

# 7. Um dia com os castores

*Também através dos teus juízos, Senhor, te esperamos; no teu nome e na tua memória está o desejo da nossa alma.*
—Isaías 26:8

## PARALELOS E PRINCÍPIOS BÍBLICOS
- "Aslam está a caminho!" Ao ouvirem o seu nome, as crianças têm uma experiência que os teólogos chamam

de numinous, uma experiência misteriosa, sobrenatural — da presença divina. Ela desperta o entendimento espiritual do indivíduo e evoca um profundo engajamento pessoal. Para os justos, o nome do Senhor é "glorioso e terrível" (Deuteronômio 28:58), "magnífico" (Salmo 8:1), "louvado seja"(Salmo 113:3). Para o ímpio ele fala de julgamento (Isaías 64:2) e é objeto de blasfêmia e escárnio (Salmo 139:20; Isaías 52:5).

- Mais adiante, na Parte 8, p.66, as crianças aprendem que sua chegada em Nárnia é vista como o cumprimento de uma profecia — um sinal de que a tão esperada libertação de Nárnia está próxima. "A ardente expectativa da criação aguarda a revelação dos filhos de Deus" (Romanos 8:19). Por essa razão, no encontro com eles a Sra. Castor exclama: "E pensar que eu ainda iria viver para ver este dia!". Em Lucas 2:29-30, Simeão alegrou-se por testemunhar a chegada do menino-Cristo, o Libertador de Israel: "Agora, Senhor, podes despedir em paz o teu servo, segundo a tua palavra; porque os meus olhos já viram a tua salvação".

## *Você sabia?*

Em uma carta para um amigo, C. S. Lewis declarou que Aslam não era uma figura alegórica, como aquelas do livro *O Peregrino* (Publicações Pão Diário, 2020), de John Bunyan, pois para Lewis havia uma restrita definição literário-acadêmica da palavra alegoria. Em vez disso, ele explicou, Aslam é uma invenção na tentativa de responder à pergunta imaginária: "Como Cristo seria se realmente houvesse um mundo como Nárnia e Ele escolhesse encarnar, morrer e ressuscitar, como já o fez em nosso mundo?".

***Textos sobre o poder do nome de Jesus***
- Atos 3:6,16
- João 18:4-6
- Filipenses 2:9-11

# 8. Depois do jantar

*Não sabes, não ouviste que o eterno Deus, o Senhor,*
*o Criador dos fins da terra, nem se cansa nem se fatiga?*
*Não se pode esquadrinhar o seu entendimento.*
—Isaías 40:28

## PARALELOS E PRINCÍPIOS BÍBLICOS

- Aslam tem muitos nomes: Rei, Senhor, Filho do Grande Imperador de Além-Mar, Rei dos Animais, o grande Leão. A Bíblia nos diz — entre outras coisas — que Jesus é o Rei dos reis e o Senhor dos senhores (Apocalipse 19:16), o Filho de Deus, o Filho do Homem (Lucas 22:69-70) e o Leão de Judá (Apocalipse 5:5).

- Como as profecias sobre Aslam, há inúmeras profecias na Bíblia sobre a vinda do Messias, "o ungido", o Libertador. Entre elas: Ele faria do errado, certo (Isaías 61:1-2). Ele rugiria "como um leão" (Oseias 11:10-11; Jeremias 25:30). Ele acabaria com o sofrimento e dor (Isaías 65:19; Apocalipse 21:4). Ele destruiria as obras do diabo (Salmo 110:1; 1 João 3:8; Salmo 2:7-9). Ele traria nova vida (Ageu 2:6-7; Isaías 55:12; João 10:10).

- Como Aslam, o Leão de Judá "não é um leão domesticado". Ele não pode ser controlado ou manipulado. Ele não existe para nos servir — nós existimos para servi-lo. Romanos 11:33-34 exclama: "Ó profundidade da riqueza, tanto da sabedoria, como da ciência de Deus! Quão insondáveis são os seus juizos, e quão inescrutáveis, os seus caminhos! Quem, pois, conheceu a mente do Senhor? Ou quem foi seu conselheiro?". Seus caminhos não são os nossos caminhos (Isaías 55:8-9). Não podemos entender sempre o que Ele escolheu fazer — ou escolheu não fazer. No entanto, sabemos, "...o Senhor é bom, a sua misericórdia dura para sempre, e, de geração em geração, a sua fidelidade" (Salmo 100:5).

- A Feiticeira Branca não tem poder sobre Aslam — ela mal conseguirá ficar na sua presença. A Bíblia nos diz que os demônios estão sujeitos a Cristo (Lucas 10:17). Eles caem diante dele (Marcos 3:11), tremem (Tiago 2:19). Os cristãos não precisam temer o maligno, "...a quem o Senhor Jesus matará com o sopro de sua boca e o destruirá pela manifestação de sua vinda" (2 Tessalonicenses 2:8).

### *Será que está certo?*

A Feiticeira Branca poderia ser uma descendente da "primeira esposa" de Adão? Escritas por um mestre de literatura, *As Crônicas de Nárnia* não só estão cheias de alusões bíblicas, mas também de numerosas referências à literatura clássica e mitologia antiga. De acordo com um bizarro mito judaico — inventado muitos anos depois das Escrituras serem registradas, Adão teve uma primeira esposa rebelde e má, um demônio feminino chamado pelo nome de Lilith. (Nos últimos anos, Lilith se tornou uma figura simbólica do feminismo, e também para os que praticam ocultismo ou se engajam em perversões). Foi uma explicação interessante para a origem da

Feiticeira Branca em um conto de fadas, mas C. S. Lewis sabia muito bem que a Bíblia diz que a primeira e única esposa de Adão foi Eva (Gênesis 3:20).

### Textos sobre a vinda do Messias
- Miqueias 5:2
- Isaías 9:6-7
- Mateus 12:18-21

# 9. Na casa da feiticeira

*Porque os que se inclinam para a carne*
*cogitam das coisas da carne...*
—ROMANOS 8:5

### PARALELOS E PRINCÍPIOS BÍBLICOS

- A reação de Edmundo ao nome de Aslam é de medo e horror. Romanos 8:7 diz: "Por isso, o pendor da carne é inimizade contra Deus...". 1 João 1:5 nos diz que "...Deus é luz", e como João 3:20 explica: "Pois todo aquele que pratica o mal aborrece a luz e não se chega para a luz, a fim de não serem arguidas as suas obras".

- Apesar de saber que não deveria confiar na Feiticeira Branca, Edmundo não consegue resistir à tentação do Manjar Turco. "...pois aquele que é vencido, fica escravo do vencedor" (2 Pedro 2:19). Edmundo tem a oportunidade de voltar atrás, mas ele endurece o seu coração (Veja Provérbios 28:14) e se afunda ainda mais no pecado (Romanos 2:5).

- O Chefe da Polícia Secreta da Feiticeira se refere a Edmundo como o "ditoso favorito da Rainha. Ditoso ou desditoso, quem sabe?". Não existe proteção e segurança para aqueles que fazem acordos com o diabo. A Bíblia nos diz que ele é "...mentiroso e pai da mentira" (João 8:44). Ele promete o mundo (Mateus 4:8-9), mas devora todos os que caem em sua armadilha (1 Pedro 5:8).

## *Você sabia?*

Na batalha do bem contra o mal, cada um é forçado a escolher um lado e tomar uma posição. Jesus disse aos Seus discípulos que enfrentariam grande perigo por causa dele: "E sereis entregues até por vossos pais, irmãos, parentes e amigos; e matarão alguns dentre vós" (Lucas 21:16). Um dos discípulos mais próximos de Jesus se tornou um traidor e o entregou aos Seus inimigos. Você sabe quem foi?
(Dica: leia Lucas 22:3-6)

## *Textos sobre como escapar da armadilha do diabo*
- 2 Timóteo 2:22-26
- 1 Pedro 5:5-9
- Gálatas 5:16,19-25

## 10. O encantamento começa a quebrar-se

*Quão formosos são sobre os montes,*
*os pés do que anuncia as boas-novas,*
*que faz ouvir a paz, que anuncia coisas boas,*
*que faz ouvir a salvação,*
*do que diz a Sião: O teu Deus reina!*
—Isaías 52:7

### PARALELOS E PRINCÍPIOS BÍBLICOS

- Os outros acham exasperante a cuidadosa e metódica preparação da Sra. Castor, mas Provérbios 14:15 nos diz: "O simples dá crédito a cada palavra, mas o prudente atenta para os seus passos". Provérbios 19:2 avisa: "Assim como não é bom ficar a alma sem conhecimento, peca aquele que se apressa com seus pés".

- Papai Noel traz presentes para cada criança. "Estes presentes são instrumentos, não brinquedos" — instrumentos que vão ajudá-los a cumprir com o seu chamado e enfrentar os desafios que virão. De acordo com as Escrituras, Jesus mandou o Espírito Santo para dar aos cristãos os dons espirituais com o mesmo propósito. O Espírito dá estes dons "…distribuindo-as [os], como lhe apraz, cada um, individualmente" (1 Coríntios 12:11; compare com os versículos 4-31). Alguns recebem o dom de liderança; outros o dom da fé, da sabedoria ou do discernimento. Alguns têm "dons de cura" e a habilidade de ajudar os outros (1 Coríntios 12:28). Todo crente é parte do "corpo de Cristo" (1 Coríntios

12:27). E cada um tem seu dom e chamado especial (1 Coríntios 12:18).

### *Pense nisto!*
As crianças frequentemente escreviam para C. S. Lewis para perguntar-lhe sobre a verdadeira identidade de Aslam — seu outro nome em nosso mundo. Lewis sempre respondia dando dicas, incluindo esta: "Quem, em nosso mundo, chegou ao mesmo tempo em que o Papai Noel?".
(DICA: LEIA LUCAS 2:1-20)

### *Textos sobre armas para a batalha espiritual*
- Efésios 6:10-18
- 2 Coríntios 10:3-5
- Hebreus 4:12

# 11. A aproximação de Aslam

*Porque eis que passou o inverno;*
*a chuva cessou, e se foi;*
*aparecem as flores na terra, o tempo de cantar chega,*
*e a voz da rola ouve-se em nossa terra.*
—CÂNTICO DOS CÂNTICOS 2:11-12

## PARALELOS E PRINCÍPIOS BÍBLICOS
- Os olhos de Edmundo se abrem e ele começa a ver quem realmente a Feiticeira Branca é. O Salmo 5:9 diz dos perversos, "...pois não têm eles sinceridade nos seus lábios; o seu íntimo é todo crimes; a sua garganta é sepulcro aberto, e com a língua lisonjeiam".

- Não há um pingo de bondade ou compaixão em seu ser inteiro. Ela maltrata até a rena que puxa o seu trenó. Provérbios 12:10 observa: "O justo atenta para a vida dos seus animais, mas o coração dos perversos é cruel".

- Pela primeira vez Edmundo tem piedade — ou compaixão — por outro alguém que não fosse ele mesmo. As Escrituras nos dizem: "Não tenha cada um em vista o que é propriamente seu, senão também cada qual o que é dos outros." (Filipenses 2:4). "Amados, amemo-nos uns aos outros, porque o amor procede de Deus; e todo aquele que ama é nascido de Deus e conhece a Deus" (1 João 4:7). "Alegrai-vos com os que se alegram e chorai com os que choram" (Romanos 12:15).

### *Você sabia?*
Fica claro que o encantamento foi quebrado — o poder da Feiticeira está ruindo. O Anão exclama: "Só pode ser obra de Aslam!". A Bíblia diz que Alguém veio ao nosso mundo para destruir as obras do diabo. Você sabe quem foi?

### *Textos sobre a celebração do livramento de Deus*
- Salmo 98
- Joel 2:21-17
- Apocalipse 15:3-4

# 12. A primeira batalha de Pedro

*Eu vou pelo caminho de todos os mortais.*
*Coragem, pois, e sê homem!*
—1 Reis 2:2

## PARALELOS E PRINCÍPIOS BÍBLICOS

- Compare a descrição das criaturas reunidas ao redor de Aslam no pavilhão a estes versos: "Naquele dia, recorrerão as nações à raiz de Jessé que está posta por estandarte dos povos; a glória lhe será a morada" (Isaías 11:10). "Viu-se, ó Deus, o teu cortejo, o cortejo do meu Deus [...] Os cantores iam adiante, atrás, os tocadores de instrumentos de cordas, em meio às donzelas com adufes" (Salmo 68:24-25). "Profira a minha boca louvores ao Senhor, e toda carne louve o seu santo nome, para todo o sempre" (Salmo 145:21). Alguns leitores podem também lembrar de cenas descritas por Isaías, Ezequiel, Daniel e em Apocalipse sobre os seres fantásticos que rodeiam o trono celestial de Deus. Esses incluem serafins, querubins e outras criaturas sobrenaturais que aparecem como leões, águias, bois e homens (Veja exemplos em Isaías 6:1-3; Ezequiel 1:4-14 e Apocalipse 4:6-8).

- Aslam é "bom e aterrorizante ao mesmo tempo". Anos atrás, a palavra *aterrorizante* foi usada no sentido de "assustador" ou "admirável". As Escrituras nos dizem que as pessoas que tiveram um encontro com o Deus Vivo, quase sempre responderam com temor e reverência (Veja o exemplo em Hebreus 12:21). Deuteronômio 7:21 explica: "Não te espantes diante deles, porque o Senhor, teu Deus, está no meio de ti, Deus grande e temível". No Salmo 99:3, lemos:

"Celebrem eles o teu nome grande e tremendo, porque é santo" (note que em alguns versículos das traduções modernas a palavra *terrível* foi trocada por tremenda).

- Aslam chama suas servas para levarem as meninas cansadas e "ministrarem" a elas. Depois de Jesus ter suportado a tentação no deserto, os servos de Deus — os anjos, foram chamados para lhe servir (Mateus 4:11).

- Pedro passa por seu primeiro teste. Aslam assegura que Pedro tem a oportunidade de começar a desenvolver a coragem, a maturidade e a liderança que ele precisará quando for um Grande Rei. Deus faz o mesmo com cada um de nós, preparando-nos para o serviço em Seu reino. O Salmo 18:34-38 diz em parte: "Ele adestrou as minhas mãos para o combate, de sorte que os meus braços vergaram um arco de bronze […] Persegui os meus inimigos, e os alcancei, e só voltei depois de haver dado cabo deles. […] caíram sob meus pés".

## *Você sabia?*
Alguns mestres da literatura comparam a Mesa de Pedra com os altares nos lugares de culto dos pagãos, como *Stonehenge*. Mas numa carta para uma garota chamada Patrícia, C. S. Lewis diz que ela devia relembrar aos leitores sobre pedra ou tábua que Deus deu a Moisés. Você se lembra do que estava escrito nelas? (Dica: leia Êxodo 24:12; Deuteronômio 10:4 e/ou Êxodo 20:1-17)

## *Textos sobre coragem na batalha*
- Josué 1:9
- Salmo 27:1-3
- Isaías 12:2

# 13. Magia profunda na aurora do tempo

*Pequei contra ti, contra ti somente,*
*e fiz o que é mau perante os teus olhos,*
*de maneira que serás tido por justo no teu falar*
*e puro no teu julgar.*
—Salmo 51:4

## PARALELOS E PRINCÍPIOS BÍBLICOS

- Aslam diz que não há necessidade de falar do comportamento anterior de Edmundo, pois ele fora perdoado. Isaías 43:18 nos diz: "Não vos lembreis das coisas passadas, nem considereis as antigas". No versículo 25 Deus explica: "Eu, eu mesmo, sou o que apago as tuas transgressões [...] e dos teus pecados não me lembro".

- Durante o encontro com a Feiticeira Branca, Edmundo mantém seus olhos em Aslam. Salmo 105:4 diz: "Buscai o Senhor e o seu poder; buscai perpetuamente a sua presença". Salmo 34:5 explica: "Contemplai-o e sereis iluminados, e o vosso rosto jamais sofrerá vexame".

- Edmundo é culpado por ser um traidor. "Assim, pois, todos os que pecaram sem lei também sem lei perecerão" (Romanos 2:12). "...porque o salário do pecado é a morte, mas o dom gratuito de Deus é a vida eterna em Cristo Jesus, nosso Senhor" (Romanos 6:23). Hebreus 9:22 explica: "Com efeito, quase todas as coisas, segundo a lei, se purificam com sangue; e, sem derramamento de sangue, não há remissão". "Porque a vida da carne está no sangue; pelo que vo-lo tenho dado sobre o altar, para fazer expiação pelas vossas almas; porquanto é o sangue que fará expiação pela alma" (Levítico 17:11).

- Note a resposta de Aslam para a sugestão de Susana quanto a ele trabalhar contra o Imperador Mágico. Em Mateus 5:17-18, Jesus disse: "Não penseis que vim revogar a Lei ou os Profetas; não vim para revogar, vim para cumprir. Porque em verdade vos digo: até que o céu e a terra passem, nem um i ou um til jamais passará da Lei, até que tudo se cumpra".

- A punição para o pecado de Edmundo não pode ser ignorada, esquecida ou suspensa de nenhuma forma. A falta precisa ser paga, e Aslam toma a responsabilidade sobre si mesmo. Isaías 53:4 diz sobre Jesus: "Certamente, ele tomou sobre si as nossas enfermidades e as nossas dores levou sobre si…"; 1 Pedro 2:24 afirma: "…carregando ele mesmo em seu corpo, sobre o madeiro, os nossos pecados…".

- Como o carrasco do Imperador, a Feiticeira se delicia cruelmente em fazer julgamentos contra aqueles que pecaram. Quer ela reconheça ou não, ainda é o julgamento do Imperador que ela conduz; por fim, ela serve o propósito dele. As Escrituras nos dizem que a autoridade de Satanás vem de Deus e que seu poder é limitado por Deus (Veja Isaías 54: 16-17; Jó 1–2; Lucas 22:31-32; 1 João 4:4). Embora não haja nada que o diabo goste mais do que destruir Deus e o Seu povo, ele não pode. Ele é simplesmente um instrumento que, no final das contas, serve aos propósitos de Deus.

## *Pense nisto!*

Embora a Feiticeira Branca se denomine "Rainha", ela não tem direito ao título. Logo, Aslam diz que todos os nomes serão restaurados aos seus "próprios donos". O diabo apresenta-se como governante (Lucas 4:5-6). Mas quem é realmente o Príncipe? (DICA: LEIA ATOS 5:30-31 E ISAÍAS 9: 6-7).

## *Textos sobre a Lei*

- Salmo 19: 7-10
- Isaías 42:21
- Mateus 22:35-40

# 14. O triunfo da feiticeira

*Ninguém tem maior amor do que este:*
*de dar alguém a própria vida em favor dos seus amigos.*
—JOÃO 15:13

## PARALELOS E PRINCÍPIOS BÍBLICOS

- Compare a tristeza e o desejo de companhia de Aslam com o que está escrito em Mateus 26:36-38. Jesus levou consigo três de Seus discípulos mais chegados até o Getsêmani para orar. Começou a entristecer e angustiar-se, então, lhes disse: "A minha alma está profundamente triste até à morte; ficai aqui e vigiai comigo".

- Aslam não oferece resistência quando atacado pelas criaturas perversas, e nada diz em resposta às suas provocações. Falando profeticamente de Jesus, Isaías 53:7 diz: "Ele foi oprimido e humilhado, mas não abriu a boca; como cordeiro foi levado ao matadouro; e, como ovelha muda perante os seus tosquiadores, ele não abriu a boca" (Veja também Mateus 26:62-63; 27:13-14; Lucas 23:8-9).

- As criaturas abusam cruelmente de Aslam, assim como os homens maus abusaram de Jesus. "Então alguns lhe cuspiram no rosto e lhe deram murros. Outros lhe davam tapas, dizendo: Profetiza-nos, Cristo, quem é o que te bateu?" (Mateus 26:67-68) Eles arrancaram Seus cabelos (Isaías 50:6-7). Os soldados romanos tiraram Suas roupas e o açoitaram. Eles fizeram-no usar um manto vermelho e um coroa de espinhos foi colocada em Sua cabeça (Mateus 27:28-29). Depois eles se ajoelharam em frente dele, dizendo "Salve, rei dos judeus! E, cuspindo nele, tomaram o caniço e davam-lhe com ele na cabeça" (Mateus 27:29-30). E então o conduziram até o lugar de Sua crucificação.

- Parece que o mal triunfou sobre o bem e toda a esperança se foi. Certamente os discípulos de Jesus pensaram isso quando Ele morreu na cruz. Mas Jesus, predizendo Sua crucificação, viu de maneira diferente: "Respondeu-lhes Jesus: 'É chegada a hora de ser glorificado o Filho do Homem.' Agora, está angustiada a minha alma, e que direi eu? Pai, salva-me desta hora? Mas precisamente com este propósito vim para esta hora. Pai, glorifica o teu nome. Então, veio uma voz do céu: Eu já o glorifiquei e ainda o glorificarei" (João 12:23,27-28).

## *Alguma semelhança?*
Susana e Lúcia foram as únicas a testemunhar o sofrimento e o sacrifício de Aslam. Quando Jesus foi crucificado, a maioria dos

Seus discípulos estavam escondidos com medo de que pudessem ser os próximos, mas um grupo fiel de mulheres permaneceu aos pés da cruz. Você se lembra quem foram elas?
(Dica: leia Mateus 27:55-56; Marcos 15;40 e João 19:25)

***Textos sobre o sofrimento e sacrifício de Cristo***
- Isaías 55
- 1 João 4:10
- 1 Pedro 2: 21-25

# 15. Magia ainda mais profunda de antes da aurora do tempo

*E eis que houve um grande terremoto; porque um anjo do Senhor desceu do céu, chegou-se, removeu a pedra e assentou-se sobre ela.*
—Mateus 28:2

## PARALELOS E PRINCÍPIOS BÍBLICOS

- As meninas cuidam gentilmente do corpo débil e ferido de Aslam. Os ratos roem as cordas que o amarram. Da mesma forma, os amigos de Jesus demonstraram preocupação com Seu corpo terreno; José de Arimatéa retirou Seu corpo da cruz (João 19:38-42). As mulheres foram à tumba ao amanhecer para ungir Seu corpo com especiarias (Marcos 16:1-2).

- Ao ouvir um barulho atrás delas, Susana e Lúcia acham que alguém mexeu no corpo de Aslam. A Bíblia nos diz que quando Maria Madalena encontrou Sua tumba vazia, pensou "Levaram o corpo do meu Senhor", e chorou. Em seguida, uma voz atrás dela se ouviu. Ao voltar-se, lá estava Jesus (João 20:10-16)!

- Susana teme que estejam vendo um fantasma. Os discípulos de Jesus sentiram-se do mesmo modo, quando Ele apareceu pela primeira vez após Sua ressurreição (Lucas 24:37-39). Jesus os assegurou de que era realmente Ele — em um corpo glorificado que ainda tinha as marcas de Sua crucificação. "Disse-lhes, pois, Jesus outra vez: Paz seja convosco! [...] E, havendo dito isto, soprou sobre eles..." (João 20:21-22).

- Aslam fala da Magia Profunda e da Magia Mais Profunda do Imperador. Explicando o significado por trás da morte de Jesus na cruz, o apóstolo Paulo disse: "Entretanto, expomos sabedoria entre os experimentados; não, porém, a sabedoria deste século, nem a dos poderosos desta época, que se reduzem a nada; mas falamos a sabedoria de Deus em mistério, outrora oculta, a qual Deus preordenou desde a eternidade para a nossa glória; sabedoria essa que nenhum dos poderosos deste século conheceu; porque, se a tivessem conhecido, jamais teriam crucificado o Senhor da glória" (1 Coríntios 2:6-8).

- A Magia Ainda Mais Profunda afirmava: "Se uma vítima voluntária, inocente de traição, fosse executada no lugar de um traidor, a mesa estalaria e a própria morte começaria a andar para trás". Romanos 5:7-8 observa: "Dificilmente, alguém morreria por um justo; pois poderá ser que pelo bom alguém se anime a morrer. Mas Deus prova o seu próprio amor para conosco pelo fato de ter Cristo morrido por nós, sendo nós ainda pecadores". Ele mesmo não cometeu pecado; ao contrário, levou sobre si os nossos pecados (1 Pedro 2:22-24).

Gálatas 3:13 diz: "Cristo nos resgatou da maldição da lei". De acordo com Isaías 53:5, Ele foi ferido por nossas transgressões, e levou sobre si a punição por nossos pecados, "...pelas suas pisaduras fomos sarados". 1 Coríntios 15:54 declara: "Tragada foi a morte na vitória".

- Como Aslam disse, "A morte começaria a trabalhar em sentido contrário" (compare com Atos 2:24). Após sua ressurreição Aslam se encaminha diretamente para o castelo da Feiticeira, onde ele libertará os que estão em cativeiro, que ela levaria à Mesa. A Bíblia nos diz que ao Jesus completar Sua obra expiatória na cruz, "...abriram-se os sepulcros, e muitos corpos de santos que dormiam foram ressuscitados" (Mateus 27:52). Também, entre Sua morte e ressurreição, Jesus desceu ao Hades e pregou àqueles que estavam aprisionados lá (aguardando Sua expiação). Ele libertou os cativos e os levou ao Céu (1 Pedro 3:19; Efésios 4:8-10).

### *Alguma semelhança?*

Quando Aslam entregou voluntariamente sua vida por Edmundo, a Mesa de Pedra partiu-se em duas. Quando Jesus espontaneamente entregou Sua vida por nós, a barreira espiritual entre Deus e o homem foi destruída, e o símbolo físico desta barreira foi partido em dois. Você se lembra que símbolo era esse? (Dica: leia Mateus 27:51)

### *Textos sobre a obra expiatória de Cristo*

- João 3:16-17
- Romanos 3:23-26
- Hebreus 9:14

## 16. O que aconteceu com as estátuas

*Rugiu o leão.*
—Amós 3:8

### PARALELOS E PRINCÍPIOS BÍBLICOS

- A morte agora começa a trabalhar em sentido contrário — o sopro de Aslam traz as estátuas à vida. Quando o primeiro ser humano foi criado, "…o Senhor Deus […] soprou em suas narinas o fôlego da vida … (Gênesis 2:7). Em Ezequiel 37:5 Deus fala com os mortos no vale de ossos secos: "Assim diz o Senhor Deus a estes ossos: Eis que farei entrar o espírito em vós, e vivereis". João 20:22 nos diz que após Sua ressurreição, Jesus soprou sobre Seus discípulos (para saber mais sobre a nova vida que advém da Ressurreição, ver Mateus 27:52 e as notas da Parte 15 deste capítulo).

- Vivo novamente, Aslam começa a corrigir o que estava errado em certo (ver Parte 8, p.66). Quando Jesus começou Seu ministério terreno, citou Isaías 61:1-2 (uma profecia que se referia a Ele e Seu chamado): "O Espírito do Senhor Deus está sobre mim, porque o Senhor me ungiu para pregar boas-novas aos quebrantados, enviou-me a curar os quebrantados de coração, a proclamar libertação aos cativos e a pôr em liberdade os algemados; a apregoar o ano aceitável do Senhor e o dia da vingança do nosso Deus; a consolar todos os que choram".

- Com um rugido poderoso, Aslam lidera as criaturas de Nárnia a lutar contra a Feiticeira. Isaías 31:4 diz: "Porque assim me disse o SENHOR: Como o leão e o cachorro do leão rugem sobre a sua presa [...] assim o SENHOR dos Exércitos descerá, para pelejar sobre o monte Sião, e sobre o seu outeiro". "O SENHOR sairá como valente, despertará o seu zelo como homem de guerra; clamará, lançará forte grito de guerra e mostrará sua força contra os seus inimigos" (Isaías 42:13).

- O Leão triunfou (Apocalipse 5:5). A Feiticeira Branca está derrotada. "E disseste: Eu serei senhora para sempre! Até agora não tomaste a sério estas coisas, nem te lembraste do seu fim" (Isaías 47:7). "Exultai sobre ela, ó céus, e vós, santos, apóstolos e profetas, porque Deus contra ela julgou a vossa causa" (Apocalipse 18:20).

## *Você sabia?*

As criaturas narnianas devem combater um exército do mal, sobrenatural e enorme. A Bíblia nos diz que como cristãos, estamos todos engajados numa batalha contínua. Quem ou o que é nosso inimigo?
(DICA: LEIA EFÉSIOS 6:11-12)

## *Textos sobre alegria*
- Salmos 66:1-4; 116:11; 126:1-5

# 17. A caçada ao veado branco

*Bem-aventurado o homem que suporta,*
*com perseverança, a provação;*
*porque, depois de ter sido aprovado, receberá a coroa da vida,*
*a qual o Senhor prometeu aos que o amam.*
—Tiago 1:12

## PARALELOS E PRINCÍPIOS BÍBLICOS

- Diferente de Judas na Bíblia, Edmundo arrependeu-se de seu pecado. Ele é perdoado e restaura o relacionamento correto com Aslam e com seus próprios irmãos e irmãs. De fato, como Lúcia observa, ele tornou-se uma nova pessoa. Deus diz em Ezequiel 36:26, "Dar-vos-ei coração novo e porei dentro de vós espírito novo; tirarei de vós o coração de pedra e vos darei coração de carne".

- A confiança e obediência de Lúcia a Aslam são testadas quando ele lhe pede para afastar-se de Edmundo e cuidar dos outros. Às vezes, Deus nos pede que façamos coisas que não queremos fazer. Jesus disse em João 14:15: "…Se me amais, guardareis os meus mandamentos". Ele promete àqueles que nele confiam, que jamais serão confundidos (Romanos 10:11).

- Aslam, em uma colina verdejante, milagrosamente fornece alimento para toda a companhia. A Bíblia nos diz que Jesus milagrosamente alimentou mais de cinco mil pessoas com cinco pães e dois peixes pequenos (ver Mateus 14:15-21; Marcos 6:35-44; Lucas 9:12-17; João 6:1-14).

- Aslam vem e vai — repentina e misteriosamente — como Jesus fez após a Sua ressurreição (exemplos em Mateus 28:9; Marcos 16: 9-14; Lucas 24:15,36; João 20:14,19,26; 21:1,4). O Sr. Castor explica que Aslam tem que "atender outros países". Jesus comparou-se a um pastor e disse aos Seus discípulos: "Ainda tenho outras ovelhas, não deste aprisco; a mim me convém conduzi-las; elas ouvirão a minha voz; então, haverá um rebanho e um pastor" (João 10:16).

## *Você sabia?*

Embora Edmundo fosse um traidor, Aslam sofreu e morreu para livrá-lo do poder da Feiticeira Branca. Lúcia pergunta a Susana: "Edmundo sabe o que Aslam fez por ele?". Você sabe o que Jesus fez por você?

## *Textos sobre a glória que nos espera*
- 1 Pedro 2:9
- 2 Coríntios 3:18
- Apocalipse 22:1-5

# O Cavalo e seu
# MENINO

*Introdução*
# O Cavalo e seu Menino

*O Cavalo e seu Menino* (Ed. Martins Fontes, 2010) é o terceiro livro de *As Crônicas de Nárnia*. A história acontece durante "A Era Dourada" de Nárnia — quando Pedro, Susana, Lúcia e Edmundo reinam nos quatro tronos no Cair Paravel.

> Vivia naqueles tempos, numa pequena enseada bem ao sul da Calormânia, um pobre pescador chamado Arriche; com ele morava um menino que o chamava de pai.

No livro *O Cavalo e seu Menino* podem ser encontrados tesouros espirituais, lições de vida, e, muitos acontecimentos podem ser claramente compreendidos. No entanto, há um tema poderoso e dominante por todo o enredo, e refere-se à divina providência: Deus trabalhando por detrás das cenas.

Shasta é um menino camponês que vive numa terra pagã. Ao descobrir que não era realmente filho de Arriche, e que o pescador planeja vendê-lo como escravo, Shasta embarca numa incrível jornada para a liberdade e a descoberta de sua verdadeira identidade. Suas viagens o levam à terra em que nasceu, onde numa maravilhosa série de eventos ele salva a nação inteira da total destruição. Toma então o seu lugar como herdeiro do trono no reino de seu pai.

Em grande parte de sua vida (e jornada) Shasta não percebe que está sendo guiado e protegido. Há Alguém que o protege. Somente ao aproximar-se do final de sua aventura, ele percebe que Aslam o está guiando em cada passo da caminhada. Mais tarde Shasta comenta: "ele parece estar por trás de todas as histórias".

O livro *O Cavalo e seu Menino* assemelha-se ao livro de Ester em muitas situações. Na história bíblica uma órfã judia é escolhida para reinar como rainha sobre a nação pagã da Pérsia. Em circunstâncias incríveis, ela salva toda a raça judia da aniquilação completa. Apesar disso, nunca se menciona o nome de Deus no livro de Ester, e torna-se claro que Ele é o autor e orquestrador de cada circunstância milagrosa. Shasta e Ester experimentam momentos de escuridão ao sentirem-se abandonados ou quando parece que suas vidas estão num redemoinho fora do controle. Mas no final, ambos experimentam a verdade de Romanos 8:28: "Sabemos que todas as coisas cooperam para o bem daqueles que amam a Deus, daqueles que são chamados segundo o seu propósito".

Outro tema importante em *O Cavalo e seu Menino* pode ser encontrado no forte contraste entre os países de Calormânia e Nárnia. Calormânia é um país perdido na escuridão. Seus cidadãos são cativos da ignorância, da religião, da superstição e do medo. Eles vivem numa cultura de escravidão física e espiritual. As massas lutam com um tremendo senso de desesperança; a elite está obcecada com a ganância, luxúria e com a perseguição ao poder. A Calormânia representa um mundo decaído, um mundo sem Deus.

Nárnia, por outro lado, é um reino de luz. Seus cidadãos exultam em sua liberdade. São motivados pela compreensão do certo, e do errado e do respeito aos outros. Primam pela honra pessoal e integridade. Em Nárnia a misericórdia e a justiça se encontram. É uma nação que teme a Deus.

Portanto, quando Shasta e Aravis escapam de Calormânia para Nárnia, eles estão em sentido bem real, movendo-se da escuridão à luz, da morte à vida. "Assim, se alguém está em Cristo, é nova criatura; as coisas antigas já passaram; eis que se fizeram novas" (2 Coríntios 5:17).

A história de suas aventuras inclui também ilustrações poderosas das seguintes verdades: "Porque tudo o que o homem semear, isso também ceifará" (Gálatas 6:7); e "...a altivez de espírito (precede) a queda" (Provérbios 16:18).

Estas lições são apenas alguns tesouros espirituais que você descobrirá ao iniciar sua maravilhosa jornada com o livro *O Cavalo e seu Menino*.

# 1. Shasta começa a viagem

*Assim diz o SENHOR: Ponde-vos à margem no caminho e vede, perguntai pelas veredas antigas, qual é o bom caminho; andai por ele e achareis descanso para a vossa alma; mas eles dizem: Não andaremos.*
—JEREMIAS 6:16

### PARALELOS E PRINCÍPIOS BÍBLICOS

- O inexplicável e profundo anseio de Shasta pelo Norte é um desejo por alguma coisa que ele nunca experimentou e que não pode descrever ou compreender. Mas é muito parecido com o vazio espiritual e o anseio de cada ser humano. De acordo com as Escrituras, "Tudo fez Deus formoso no seu devido tempo; também pôs a eternidade no coração do homem…" (Eclesiastes 3:11). Muitas pessoas estão procurando por algo que não conseguem compreender totalmente, buscando algo que poderá encher o vazio dos seus corações. O apóstolo Paulo explica: "Para buscarem a Deus, porventura, tateando, o possam achar; bem que não está longe de cada um de nós" (Atos 17:27).

- Quando Bri convida Shasta para acompanhá-lo em sua jornada, ecoa as palavras de sabedoria em Eclesiastes 4:9-12 — "Melhor é serem dois do que um […] Porque se caírem, um levanta o companheiro; ai, porém, do que estiver só; pois, caindo, não haverá quem o levante. Também, se dois dormirem juntos, eles se aquentarão; mas um só como se aquentará? […] Se alguém quiser prevalecer contra um, os dois lhe resistirão".

### *Será que está certo?*
Arriche repreende Shasta por fazer perguntas sobre o Norte. Ele cita um provérbio que diz: "A atenção é o caminho da prosperidade, e os que metem o nariz onde não são chamados acabam quebrando a cara no pedregulho da miséria". Você se lembra o que Jesus diz sobre questionar e buscar a verdade?
(Dica: leia Mateus 7:7-8)

### *Textos sobre buscar e achar a Deus*
- Salmo 63:1
- Deuteronômio 4:29
- Isaías 55:6-7

## 2. Uma aventura na noite

*Esquadrinhemos os nossos caminhos,
provemo-los e voltemos para o Senhor.*
—Lamentações 3:40

### PARALELOS E PRINCÍPIOS BÍBLICOS

- Agora que está no caminho de casa, o cavalo Bri se preocupa por ter adquirido "muitos hábitos maus e rudes" enquanto vivia na Calormânia. Repetidas vezes nas Escrituras, Deus adverte Seu povo a não adotar os costumes e hábitos das nações ímpias. "Por isso, retirai-vos do meio deles, separai-vos, diz o Senhor…" (2 Coríntios 6:17). Para os novos cristãos que foram criados em culturas corruptas, Colossenses 3:7-8 diz: "Ora, nessas mesmas coisas andastes vós também, noutro tempo, quando vivíeis nelas. Agora, porém, despojai-vos, igualmente, de tudo isto…".

- Bri se refere várias vezes aos "cavalos estúpidos" de Calormânia. Ele usa a palavra principalmente para significar "silente" como "incapaz de falar". Mas a palavra também implica em ignorância. Estes cavalos não pensam nem raciocinam. Eles não agem livremente, de acordo com sua vontade, em vez disso, acompanham cegamente onde os outros os lideram. Para Bri, o comportamento deles é verdadeiramente estúpido — "tolo"! Salmo 32:9 diz: "Não sejais como o cavalo ou a mula, sem entendimento, os quais com freios e cabrestos são dominados; de outra sorte não te obedecem". Ao contrário, as Escrituras dizem que o povo de Deus deve aprender da sabedoria e das instruções que Ele dá.

## Pense nisto!

No início Shasta e Aravis viam um ao outro com suspeita e hostilidade. Eles cresceram num país que segue estritamente um sistema de castas: o valor de uma pessoa é determinado pelo seu nascimento e posição na vida. Mas, em Nárnia, as coisas eram bem diferentes e no reino de Deus também. O apóstolo Paulo disse que não há lugar para preconceito ou discriminação entre os cristãos. Você sabe por quê?
(Dica: leia Gálatas 3:26-28)

## Textos sobre renovar a mente
- Colossenses 2:6-8
- Romanos 12:2
- Filipenses 2:5-11

# 3. Às portas de Tashbaan

*Se alguém julga saber alguma coisa, com efeito,
não aprendeu ainda como convém saber.*
—1 Coríntios 8:2

## PARALELOS E PRINCÍPIOS BÍBLICOS
- Aravis descreve sua fuga ousada de um casamento arranjado de uma maneira muito objetiva. Não lhe ocorre pensar em seu comportamento em termos de certo ou errado. Ela não demonstra preocupação com relação ao resultado que suas ações possam causar aos outros — ou que consequências podem ter. Logo ela aprenderá a verdade escrita em Provérbios 21:2 — "Todo caminho do homem é reto aos seus próprios olhos, mas o Senhor sonda os corações".

- Torna-se claro que Bri é cheio de si — suas realizações, experiências, sabedoria. O fato de Bri concentrar-se em si mesmo, o torna insensível aos sentimentos alheios, especialmente aos de Shasta.

- Paulo em Romanos 12:3 adverte: "...digo a cada um dentre vós que não pense de si mesmo além do que convém...". E 1 Pedro 3:8 diz: "Finalmente, sede todos de igual ânimo, compadecidos, fraternalmente amigos, misericordiosos, humildes".

- Em sua preocupação com a aparência, Bri perde de vista o que é realmente importante — alcançar seu destino! É Huin que relembra seu companheiro de que "o importante mesmo é chegar lá". Diferente de Bri, Huin demonstra o "...incorruptível trajo de um espírito manso e tranquilo, que é de grande valor diante de Deus" (1 Pedro 3:4). Ela consistentemente dá exemplo de um coração humilde. Provérbios 11:2 nos diz: "...mas com os humildes está a sabedoria".

- Ao término do capítulo, os quatro viajantes percebem que encontraram a verdade de Provérbios 13:10, "Da soberba só resulta a contenda, mas com os que se aconselham se acha a sabedoria."

## *Alguma semelhança?*

Como Huin fez com Aravis, a Bíblia nos fala de um tempo quando um animal falou e impediu alguém de cometer um erro terrível. Você se lembra da história?

(Dica: leia Números 22:21-34)

*Textos sobre ter um coração humilde*
- Miqueias 6:8
- Efésios 4:2
- Tiago 3:13

# 4. Shasta encontra os narnianos

*Contemplai-o e sereis iluminados,*
*e o vosso rosto jamais sofrerá vexame.*
—SALMO 34:5

## PARALELOS E PRINCÍPIOS BÍBLICOS

- Quando os viajantes entram na capital, eles sentem o desespero. As ruas são imundas; o ar é fétido e opressivo. Os calormanos são mantidos cativos pela ignorância, superstições religiosas e medo. Eles vivem numa cultura de escravidão, física e espiritual. As massas lutam com uma tremenda desesperança; os nobres estão obcecados com a ganância, luxúria e perseguição ao poder. Ao descrever tais pessoas a Escritura diz: "Eles nada sabem, nem entendem; vagueiam em trevas; vacilam todos os fundamentos da terra" (Salmo 82:5).

- Contrastando com os miseráveis e sombrios habitantes de Tashbaan, os senhores narnianos irradiam alegria e riso. Eles andam e falam de modo livre e fácil. Até suas roupas são coloridas e atraentes! E Shasta descobre que os narnianos são motivados por uma compreensão do certo, do errado e do respeito aos outros. Eles valorizam a honra e integridade pessoal. O seu reino é o da luz — uma nação sob Deus. A Bíblia nos fala que "…Deus é luz, e não há nele treva nenhuma" (1 João 1:5). Seus habitantes são "filhos da luz" (Efésios 5:8) que brilham "como luzeiros no mundo" (Filipenses 2:15).

### *Pense nisto!*

A princípio o príncipe Rabadash parecia ser bravo, corajoso e bondoso, mas como a Rainha Susana descobriu, as aparências podem enganar. As pessoas podem se enganar com a aparência exterior de uma pessoa. O que Deus vê?
(Dica: leia 1 Samuel 16:7)

### *Textos sobre andar na luz*

- João 8:12
- 1 Pedro 2:9
- 1 João 1:5-7

# 5. O príncipe Corin

*Como águas profundas, são os propósitos do coração do homem, mas o homem de inteligência sabe descobri-los.*
—Provérbios 20:5

## PARALELOS E PRINCÍPIOS BÍBLICOS

- Quando o Rei Edmundo descobre a traição do Príncipe Rabadash, ele a revela à Rainha Susana e aos outros senhores narnianos. Juntos, eles discutem a situação — cada um compartilhando sua sabedoria, observações e experiências. Provérbios 20:18 previne: "Os planos mediante os conselhos têm bom êxito; faze a guerra com prudência".

Provérbios 15:22 explica: "Onde não há conselho fracassam os projetos, mas com os muitos conselheiros há bom êxito."

- Sr. Tumnus sugere um plano inteligente para despistar os calormanos e escapar de Tashbaan sem conflito violento. Este é um exemplo da sabedoria à qual Jesus se referiu em Mateus 10:16. Ele disse aos Seus discípulos que ficassem vigiando ao lidarem com as pessoas más e imorais: "Eis que eu vos envio como ovelhas para o meio de lobos; sede, portanto, prudentes como as serpentes e símplices como as pombas".

## *Você sabia?*
No final de *O Leão, a Feiticeira e o Guarda-Roupa,* C. S. Lewis escreve que devido à sua grande beleza, muitos reis pediram a mão da Rainha Susana em casamento. Aqui aprendemos que pelo menos em uma ocasião, isso pode levar ao desastre. A beleza física pode ser uma distração, ou até mesmo, uma "maldição". Que tipo de beleza Deus valoriza?
(Dica: leia 1 Pedro 3:3-5)

## *Textos sobre obter sabedoria*
- Salmo 111:10
- Tiago 1:5
- Provérbios 13:20

# 6. Shasta nas tumbas

*Em paz me deito e logo pego no sono, porque,*
*Senhor, só tu me fazes repousar seguro.*
—Salmo 4:8

### PARALELOS E PRINCÍPIOS BÍBLICOS

- Como Shasta, o salmista passou por noites mal dormidas, momentos de profunda solidão e desespero. Ele se sentiu abandonado por seus amigos (Salmos 38:11; 41:9; 55:12-14). Experimentou o terror quando seus inimigos o cercaram como "chacais" (Salmo 44:19), "uivam como cães" (Salmo 59:6), e "como faz o leão que despedaça e ruge" (Salmo 22:13). Na profunda escuridão, o salmista sentiu "…a minha vida já se abeira da morte; sou contado com os que baixam à cova…" (Salmo 88:3-5). Ele podia sentir as "tramas e os laços de morte" (Salmos 18:5; 116:3). Vez após vez, ele clamou a Deus e encontrou nele "…refúgio e fortaleza, socorro bem presente nas tribulações" (Salmo 46:1). Seguidas vezes, o salmista regozijou-se no livramento sobrenatural, na proteção e orientação. "Busquei o Senhor, e ele me acolheu; livrou-me de todos os meus temores" (Salmo 34:4).

- Shasta extraiu calor e conforto da presença física de um gato misterioso às suas costas. Do mesmo modo, o salmista diz que aqueles que confiam em Deus, sentirão Sua presença envolvendo-os: "Cobrir-te-á com as suas penas, e, sob suas asas, estarás seguro; a sua verdade é pavês e escudo. Não te assustarás do terror noturno […] Nenhum mal te sucederá…" (Salmo 91:4-5,10).

### Você sabia?
Antecipando o iminente ataque do leão, Shasta exclama: "Não sei se acontece alguma coisa depois que a gente morre". O que a Bíblia diz sobre isto?
(Dica: leia Hebreus 9:27-28; João 3:16-18; Apocalipse 20:11–22:5)

### Textos sobre enfrentar o medo
- Isaías 12:2
- João 16:33
- Salmo 91

# 7. Aravis em Tashbaan

*Melhor é ser humilde de espírito com os humildes*
*do que repartir o despojo com os soberbos.*
—Provérbios 16:19

## PARALELOS E PRINCÍPIOS BÍBLICOS

- Lasaralina não demonstra verdadeiro interesse em ouvir a história de Aravis. "Evidentemente, gostava muito mais de falar que de ouvir." Mas Tiago 1:19 nos diz: "…Todo homem, pois, seja pronto para ouvir, tardio para falar…". Provérbios 10:19, explica: "No muito falar, não falta transgressão, mas o que modera os lábios é prudente".

- Lasaralina, como esposa de um rico Tarkaan, vive uma vida privilegiada. Ela pensa em "roupas, festas e fofocas" e nada mais; gosta de chamar atenção para si e exibir-se. Em 1 Timóteo 6:17-19, o apóstolo Paulo descreve como as pessoas abençoadas com recursos abundantes devem viver: "Exorta aos ricos do presente século que não sejam orgulhosos, nem depositem a sua esperança na instabilidade da riqueza, mas em Deus, que tudo nos proporciona ricamente para nosso aprazimento; que pratiquem o bem, sejam ricos de boas obras, generosos em dar e prontos a repartir; que acumulem para si mesmos tesouros, sólido fundamento para o futuro, a fim de se apoderarem da verdadeira vida".

### *Pense nisto!*

Lasaralina insiste em ter roupas finíssimas. Para desalento de Aravis, ela fala constantemente sobre o lindo traje que vestiu nesta ou naquela ocasião. Lasaralina faz grande rebuliço até por causa do traje certo para Aravis. Mas, é realmente tudo por causa das roupas? De acordo com a Bíblia, quais são as qualidades de uma mulher atraente?

(Dica: leia Provérbios 31:10-31)

### *Textos sobre tesouros que durarão para sempre*

- 2 Coríntios 9:6-11
- Lucas 18:18-30
- Mateus 6:19-21

# 8. Na casa do Tisroc

*A alma do perverso deseja o mal;*
*nem o seu vizinho recebe dele compaixão.*
—Provérbios 21:10

## PARALELOS E PRINCÍPIOS BÍBLICOS

- Rabadash e seu pai compartilham um ódio por Nárnia e o desejo de destruir o país e o seu povo. "Pois todo aquele que pratica o mal aborrece a luz" (João 3:20). Seu entendimento está obscurecido (Efésios 4:18). Eles chamam o "mal de bem" e o "bem de mal" (Isaías 5:20). Quando observam a intervenção divina, tentam explicá-la através da ciência ou atribui-la a demônios ou espíritos maus. Em 2 Coríntios 4:4, o apóstolo Paulo explica que os não cristãos são espiritualmente cegos. Eles não podem entender a Verdade. "Certamente, a palavra da cruz é loucura para os que se perdem, mas para nós, que somos salvos, poder de Deus" (1 Coríntios 1:18).

- O príncipe Rabadash, como o seu nome sugere, é furioso e imprudente. Ele toma a rejeição da Rainha Susana à sua proposta de casamento para o lado pessoal, como um insulto a ser vingado e seu ódio ferve, fora do controle. "O que presto se ira faz loucuras, e o homem de maus desígnios é odiado…", afirma Provérbios 14:17; e ainda adverte: "A soberba precede a ruína, e a altivez do espírito, a queda" (16:18).

### *Pense nisto!*

A Bíblia enumera seis coisas que Deus odeia, e sete que são detestáveis para Ele. De quantas delas Rabadash é culpado? (Dica: leia Provérbios 6:16-19)

***Textos sobre domínio próprio e autocontrole***
- Tiago 1:19-21
- Provérbios 17:27
- Gálatas 5:22-23

# 9. Através do deserto

*O espírito, na verdade, está pronto, mas a carne é fraca.*
—Mateus 26:41

## PARALELOS E PRINCÍPIOS BÍBLICOS

- Nas Escrituras, o deserto é um lugar de provação e teste. "…teu Deus, te guiou no deserto […] para te humilhar, para te provar, para saber o que estava no teu coração…" (Deuteronômio 8:2). Como muitos heróis da fé aprenderam em primeira mão, uma jornada no deserto é uma experiência que forma o caráter e desenvolve a perseverança (pense em Davi, Moisés, Elias, João Batista e até no próprio Jesus!). Deus fala na solitude. Para aqueles que estão fatigados, Isaías 35:4,6-7 diz: "Sede fortes, não temais. Eis o vosso Deus […] ele vem e vos salvará […], pois águas arrebentarão no deserto, e ribeiros, no ermo. A areia esbraseada se transformará em lagos".

- Como os cansados viajantes descobrem, há momentos em que um pequeno descanso pode ser perigoso. Eles são vencidos pelo sono, e agora podem ser derrotados pelo Príncipe Rabadash. A Bíblia nos diz que como cristãos, vivemos em tempos perigosos e escuros. Não podemos baixar a guarda e relaxar, pelo contrário, devemos estar prontos para os desafios que certamente virão ao nosso encontro. 1 Tessalonicenses 5:6 nos alerta: "Assim, pois, não durmamos como os demais; pelo contrário, vigiemos e sejamos sóbrios".

### *Você sabia?*
Aravis está decepcionado que Tisroc encorajaria o seu filho a praticar ações que poderiam causar a morte do Príncipe. Mas ao longo da história, muitos reis fizeram o mesmo. A Bíblia fala de um, que ao longo do tempo, ordenou a execução de sua esposa, de seu filho mais velho e de inúmeros outros, incluindo o bebê Jesus, na desesperada tentativa de proteger o seu trono. Você sabe de quem se trata?
(Dica: leia Mateus 2:1-8,16)

### *Textos sobre o teste no deserto*
- Deuteronômio 8:2
- Hebreus 11:32-40
- Isaías 40:1-5

# 10. Um eremita no caminho

*E não nos cansemos de fazer o bem, porque a seu tempo...*
—Gálatas 6:9

## PARALELOS E PRINCÍPIOS BÍBLICOS
- Shasta está desanimado, pois suas dificuldades aumentam progressivamente. Cada tarefa que recebe é mais difícil que a anterior. Todavia, este é o processo que leva à maturidade. 1 Pedro 4:12 diz: "Amados, não estranheis o fogo ardente que surge no meio de vós, destinado a provar-vos, como se

alguma coisa extraordinária vos estivesse acontecendo". E 1 Pedro 1:6-7 explica: "Nisso exultais, embora, no presente, por breve tempo, se necessário, sejais contristados por várias provações, para que, uma vez confirmado o valor da vossa fé, muito mais preciosa do que o ouro perecível, mesmo apurado por fogo, redunde em louvor, glória e honra na revelação de Jesus Cristo".

- As Escrituras advertem que o orgulho precede a queda (Provérbios 16:18). Bri está muito envergonhado de si mesmo, mas o eremita insiste para que ele não mergulhe em autopiedade. Ele pode escolher aprender com a experiência "Os ouvidos que atendem à repreensão salutar no meio dos sábios têm a sua morada [...] que atende à repreensão adquire entendimento" (Provérbios 15:31-32). 1 Pedro 5:6 adverte: "Humilhai-vos, portanto, sob a poderosa mão de Deus, para que ele, em tempo oportuno, vos exalte".

## *Será que está certo?*

Aravis atribui sua fuga à sorte. O eremita diz que em 109 anos, jamais encontrara algo semelhante. Quem está certo? De acordo com a Bíblia, o que ou quem controla as circunstâncias de nossas vidas?

(Dicas: leia Salmo 75:6-7; Provérbios 16:4,9)

## *Textos sobre perseverança*

- Hebreus 12:1
- Tiago 1:2-4
- Filipenses 3:13-14

## 11. Um viajor sem as boas-vindas

*Eu é que sei que pensamentos tenho a vosso respeito,*
*diz o Senhor; pensamentos de paz e não de mal,*
*para vos dar o fim que desejais.*
*Então, me invocareis, passareis a orar a mim, e eu vos ouvirei.*
*Buscar-me-eis e me achareis*
*quando me buscardes de todo o vosso coração.*
*Serei achado de vós, diz o Senhor,*
*e farei mudar a vossa sorte; congregar-vos-ei de todas as nações*
*e de todos os lugares para onde vos lancei, diz o Senhor,*
*e tornarei a trazer-vos ao lugar donde vos mandei para o exílio.*
—Jeremias 29:11-14

### PARALELOS E PRINCÍPIOS BÍBLICOS

- A experiência de Shasta com Aslam é muito similar à jornada dos dois discípulos no caminho de Emaús em Lucas 24:13-35. Os discípulos estão confusos e fatigados por causa da morte de Jesus na cruz. "Aconteceu que, enquanto conversavam e discutiam, o próprio Jesus se aproximou e ia com eles" (v.15). Jesus os escuta ao derramarem seus corações, e então "…começando por Moisés, discorrendo por todos os Profetas, expunha-lhes o que a seu respeito constava em todas as Escrituras" (v.27). Desanimados os discípulos começam a entender que tudo que acontecera fizera parte do plano de Deus. Seus olhos foram abertos e eles reconheceram seu companheiro viajor como o Senhor Ressurreto, um pouco antes dele subir em glória!

- Aslam reage à pergunta de Shasta sobre Aravis: "Filho! Estou contando a *sua* história não a dela. A cada um só conto a história que lhe pertence". Ele diz a mesma coisa para Aravis mais adiante no capítulo 14. Em João 21:15-23, Jesus diz a Pedro o que lhe acontecerá no futuro. A reação imediata de Pedro é perguntar o que acontecerá a João. Jesus lhe diz que o que acontece aos outros não interessa a Pedro. "Quanto a ti, segue-me" (João 21:22).

- Aslam diz que seu nome é "Eu mesmo". Em Êxodo 3:13-14, Moisés pergunta a Deus, quem ele deveria dizer ao povo, que o enviou. Deus responde: "...Eu Sou o Que Sou. Disse mais: Assim dirás aos filhos de Israel: Eu Sou me enviou a vós outros".

## *Você notou?*
Quando Shasta pergunta a Aslam "Quem é você?", Aslam responde duas vezes a mesma pergunta, cada vez com uma voz diferente. Aparentemente, aqui, C. S. Lewis está se referindo à Trindade. Na primeira vez a voz de Aslam é "profunda" e forte como um terremoto — representando Deus Pai. Na segunda vez, a voz é "um murmúrio" agitante, como Deus Filho. Assim, "uma coisa nova aconteceu, um tremor que lhe deu certa alegria", como o agir do Deus Espírito Santo.

## *Textos sobre a obra de Deus por trás das cenas*
- Provérbios 20:24
- Romanos 8:28,35-39
- Salmo 139:1-16

# 12. Shasta em Nárnia

*Vigiai [...] Vigiai, pois...* —Marcos 13:33-35

## PARALELOS E PRINCÍPIOS BÍBLICOS

- Em sua prosperidade, as criaturas da floresta se tornaram complacentes e descuidadas — e o perigo está à porta! 1 Pedro 5:8 adverte: "Sede sóbrios e vigilantes. O diabo, vosso adversário, anda em derredor, como leão que ruge procurando alguém para devorar". Um cristão deve sempre estar preparado para a batalha!

- Apesar de ser estrangeiro, Shasta é bem acolhido pelas criaturas de Nárnia. Eles veem que estava necessitado e rápida — e alegremente, vêm em seu auxílio. Gálatas 6:10 nos exorta: "Por isso, enquanto tivermos oportunidade, façamos o bem a todos, mas principalmente aos da família da fé".

- Corin ama aventuras e ama divertir-se, mas seu temperamento o faz envolver-se em problemas. Provérbios 20:3 diz: "Honroso é para o homem o desviar-se de contendas, mas todo insensato se mete em rixas." E Provérbios 19:11 observa: "A discrição do homem o torna longânimo, e sua glória é perdoar as injúrias".

### *Alguma semelhança?*

Quando Shasta olha para a grama, um riacho de águas refrescantes brota das pegadas de Aslam. Alguém da Bíblia falou de Sua própria pessoa como sendo a fonte da água viva. Sabe quem foi?

(Dica: leia João 4:6-14)

*Textos sobre o preparo para a batalha espiritual*
- Romanos 13:11-12
- Efésios 6:10-18
- 2 Coríntios 10:3-5

# 13. A batalha em Anvar

*Eis que, envergonhados e confundidos
serão todos os que se indignaram contra ti...*
—Isaías 41:11

## PARALELOS E PRINCÍPIOS BÍBLICOS

- Ao passar pelas montanhas, Shasta percebe que mais uma vez ele escapou por pouco de um desastre. Um passo em falso na noite anterior e teria caído no precipício, não fosse por Aslam. Ele "viu que não correra perigo porque o Leão permanecera a seu lado". Refletindo sobre o livramento divino, o salmista sentiu o mesmo alívio que Shasta, e exclamou: "Se não fosse o Senhor, que esteve ao nosso lado..." (Salmo 124:1). Salmo 37:23-24 observa: "O Senhor firma os passos do homem bom e no seu caminho se compraz; se cair, não ficará prostrado, porque o Senhor o segura pela mão".

- O exército de Nárnia é composto de criaturas de muitas espécies diferentes, com habilidades e treinos diferentes. Eles usam esta diversidade em seu favor na batalha. Cada um faz o que sabe fazer melhor. Este é um exemplo perfeito de como os cristãos devem trabalhar juntos. De acordo com as Escrituras, cada indivíduo é chamado e dotado por Deus; cada um tem pontos fortes e fracos. Cada um tem um papel importante para realizar. Juntos formamos um todo, uma unidade, um corpo — o Corpo de Cristo (1 Coríntios 12:4-31).

### *Alguma semelhança?*
Um acidente esquisito prova ser a ruína de Rabadash — um buraco em sua armadura provoca sua queda. A Bíblia fala de um rei que teve o mesmo problema. Você sabe quem foi?
(Dica: leia 2 Crônicas 18:30-34)

### *Textos sobre a proteção divina*
- Salmos 23; 34:7; 121

# 14. Lição de sabedoria para Bri

*Foi-me bom ter eu passado pela aflição,*
*para que aprendesse os teus decretos.*
—Salmo 119:71

## PARALELOS E PRINCÍPIOS BÍBLICOS
- O encontro repentino de Bri com Aslam é muito similar à cena descrita em João 20:24-29. Tomé está se recusando a crer que Jesus, literalmente, ressurgiu dentre os mortos — os outros discípulos devem ter visto um fantasma ou aparição, uma visão espiritual de algum tipo. Tomé insiste que não acreditará na ressurreição de Jesus até ver "…nas suas mãos o sinal dos cravos, e ali não puser o dedo, e não puser a mão no seu lado, de modo algum acreditarei". Repentinamente Jesus aparece e chama Tomé, dizendo: "Põe aqui o dedo e vê as minhas mãos; chega também a mão e põe-na no meu lado; não sejas incrédulo, mas crente".

- Aravis entende que a injúria que recebeu de Aslam foi um ato de disciplina ou correção. Colossenses 3:25 diz: "...pois aquele que faz injustiça receberá em troco a injustiça feita...". Mas a disciplina de Deus não é um sinal do Seu desfavor, mas de amor, veja o que diz Hebreus 12:6,10-11: "...porque o Senhor corrige a quem ama e açoita a todo filho a quem recebe [...] Pois eles [pais] nos corrigiam por pouco tempo, segundo melhor lhes parecia; Deus, porém, nos disciplina para aproveitamento, a fim de sermos participantes da sua santidade. Toda disciplina, com efeito, no momento não parece ser motivo de alegria, mas de tristeza; ao depois, entretanto, produz fruto pacífico aos que têm sido por ela exercitados, fruto de justiça".

- Aslam reage à pergunta sobre Aravis: "Filho! Estou contando a *sua* história, não a dela. A cada um só conto a história que lhe pertence". Em João 21:15-23, Jesus diz a Pedro o que acontecerá com ele no futuro. A imediata reação de Pedro foi perguntar o que aconteceria com João e Jesus lhe responde: "...que te importa? Quanto a ti, segue-me" (João 21:22).

### *Alguma semelhança?*

Como o Príncipe Cor, um jovem da Bíblia foi cruelmente raptado, separado de sua família e vendido como escravo num país estrangeiro. Mas, no final, aquele era o lugar e o momento certo para ele estar, o que lhe possibilitou salvar sua família e seu país inteiro da destruição. Você sabe o seu nome?
(Dica: leia Gênesis 50:19-20)

**Textos sobre disciplina espiritual e correção**
- Hebreus 12:5-11
- Lamentações 3:25-27,31-33
- Salmo 94:12

# 15. Rabadash, o Ridículo

*...Deus resiste aos soberbos,*
*mas dá graça aos humildes.*
—Tiago 4:6

## PARALELOS E PRINCÍPIOS BÍBLICOS

- Observe como o encontro de Rabadash com Aslam se assemelha ao diálogo de Deus com Caim em Gênesis 4:6-7. Deus adverte Caim: "Então, lhe disse o Senhor: Por que andas irado, e por que descaiu o teu semblante? Se procederes bem, não é certo que serás aceito? Se, todavia, procederes mal, eis que o pecado jaz à porta; o seu desejo será contra ti, mas a ti cumpre dominá-lo".

- Como Caim, Rabadash falha em aceitar a advertência. A punição de Rabadash é muito similar a que Deus deu ao rei Nabucodonosor em Daniel 4. No relato bíblico, o rei da Babilônia, orgulhoso e arrogante, recusa-se a reconhecer ou dar glória a Deus. Em consequência, ele perde sua sanidade e torna-se como um animal selvagem, morando nos campos ao redor de seu palácio por sete anos. Quando ele finalmente se arrepende e reconhece a soberania de Deus, sua sanidade mental e seu reino são restaurados.

## Alguma semelhança?
Como Aslam, Alguém na Bíblia apareceu e desapareceu misteriosamente de uma sala onde estavam Seus amigos. Sabe quem foi?
(DICA: LEIA JOÃO 20:19-20; LUCAS 24:36-43)

## Escrituras sobre Arrependimento e Perdão
- 1 Pedro 5:5-7
- 2 Crônicas 7:14
- 1 João 1:9

# Príncipe
# CASPIAN

*Introdução*
# Príncipe Caspian

> Eu gostaria... gostaria de ter vivido nos velhos tempos em que tudo era diferente. Em que os animais falavam, em que as fontes e as árvores eram habitadas por bonitas criaturas... e havia também anões e faunos.
> —Príncipe Caspian

Quando o *Príncipe Caspian* (Ed. Martins Fontes, 2010) começa, mil anos se passaram desde que governaram o Rei Edmundo, o Rei Pedro, a Rainha Susana e a Rainha Lúcia governaram dos quatro tronos do Cair Paravel. Desde então, uma raça de homens iníquos conquistou a terra, silenciou os rios e as árvores, e matou os Animais Falantes, os Anões, os Faunos e os Gigantes. Um remanescente permaneceu escondido, na débil esperança de que, de alguma forma Nárnia será liberta da opressão dos Telmarinos e restaurada à sua glória original. Algumas criaturas se tornaram amargas por causa dos séculos de sofrimento. Começam a duvidar de que Aslam ainda existe, se é que realmente ele existiu ou que se preocupa com a condição deles. Os céticos dizem que as velhas histórias são nada mais do que mitos ou contos de fadas. Mas há alguns que ainda creem, alguns que insistem que as histórias são verdadeiras, que Aslam virá novamente e Nárnia verá um novo dia. "Ora, a fé é a certeza de coisas que se esperam, a convicção de fatos que se não veem" (Hebreus 11:1).

Ao ler *Príncipe Caspian* é impossível não lembrarmos dos ciclos de opressão e livramento que o povo de Deus experimentou repetidamente por todo o Antigo Testamento. Ou os 400 anos de silêncio entre o Antigo e o Novo Testamento — quando Deus nada disse, — no entanto, um remanescente fiel se agarrou firmemente à esperança da vinda do Messias. Novamente, não é como o período de perseguição que se seguiu ao ministério terreno de Jesus, época em que o Império Romano forçou a igreja a reunir-se às escondidas. De certa forma, até nos parece familiar hoje em dia: os ímpios prosperam, os justos são oprimidos. Escarnecedores e incrédulos dizem que a nossa fé é um conto de fadas. "Disse-lhe Jesus: Porque me viste, creste? Bem-aventurados os que não viram e creram" (João 20:29).

O *Príncipe Caspian* aparece em cena como o Rei Josias em 2 Crônicas 34. O menino-rei de Judá rejeitou a maldade e a idolatria de seus antecessores e com um só ato redirecionou a nação. Quando ainda era jovem, Josias começou a buscar a Deus, "Fez o que era reto perante o Senhor" (vv.2-3). Ele reformou o templo, restaurou o sacerdócio e redescobriu o Livro da Lei. "Josias tirou todas as abominações de todas as terras [...] e a todos quantos se acharam em Israel os obrigou a que servissem ao Senhor, seu Deus. Enquanto ele viveu, não se desviaram de seguir o Senhor, Deus de seus pais" (v.33).

Mas antes de poder restaurar Nárnia, Caspian deve derrotar seu tio cruel, o usurpador, Rei Miraz. Ele reagrupa a Antiga Nárnia ao seu redor e eles fazem um esforço heroico para derrotar o exército Telmarino. Mas eles são terrivelmente superados em números. Num momento de desespero, Caspian, sopra a antiga trombeta da Rainha Susana para pedir ajuda. As crianças

Pevensie e Aslam reaparecerão novamente em Nárnia e "consertarão o que está errado".

A segunda aventura em Nárnia é uma lição de coragem para Pedro, Edmundo, Susana e Lúcia. "E não somente isto, mas também nos gloriamos nas próprias tribulações, sabendo que a tribulação produz perseverança; e a perseverança, experiência; e a experiência, esperança. Ora, a esperança não confunde…" (Romanos 5:3-5). Lúcia descobre o custo do discipulado (Veja Mateus 16:24). Ela e Susana ilustram a história de Maria e Marta em Lucas 10:38-42, ao Susana permitir que as preocupações com as coisas práticas da vida a privem de experimentar a presença de Aslam, enquanto Lúcia escolhe "sentar aos seus pés".

O *Príncipe Caspian* também inclui ilustrações poderosas das verdades a seguir: "…porque a nossa luta não é contra o sangue e a carne, e sim contra os principados e potestades, contra os dominadores deste mundo tenebroso, contra as forças espirituais do mal, nas regiões celestes" (Efésios 6:12). "Não retarda o Senhor a sua promessa, como alguns a julgam demorada; pelo contrário, ele é longânimo para convosco, não querendo que nenhum pereça, senão que todos cheguem ao arrependimento" (2 Pedro 3:9).

Estas lições são apenas alguns dos tesouros espirituais que você descobrirá ao retornar para Nárnia com *Príncipe Caspian*.

# 1. A ilha

*Rendam graças ao Senhor por sua bondade
e por suas maravilhas [...]! Pois dessedentou a alma sequiosa
e fartou de bens a alma faminta.*
—Salmo 107:8-9

## PARALELOS E PRINCÍPIOS BÍBLICOS

- Susana insiste que os outros coloquem seus sapatos novamente e esperem para comer seus sanduíches. Apesar de, algumas vezes, seus irmãos acharem aborrecido, as preocupações de Susana com as coisas práticas os previne de escolhas impensadas ou erros descuidados. Provérbios 14:15 nos diz: "...o prudente atenta para os seus passos".

- Depois de andar três quartos do caminho ao redor da ilha, as crianças sentem calor, cansaço e sede. O salmista comparou os seus anseios espirituais desesperados à sede desesperada: "Como suspira a corça pelas correntes das águas, assim, por ti, ó Deus, suspira a minha alma. A minha alma tem sede de Deus, do Deus vivo..." (Salmo 42:1-2). Como a água fresca de um ribeiro refresca as crianças, o salmista experimentou momentos de refrigério na presença do Senhor (Salmo 23:1-3).

## *Você sabia?*

Embora a ilha seja rodeada de água, as crianças estão com sede, elas devem encontrar água pura, fresca e sem sal para beber. O livro de Êxodo nos diz que o povo de Deus ficou com muita sede peregrinando no deserto. Como Deus supriu-lhes água? (Dica: leia Êxodo 17:1-6)

### Textos sobre fome e sede
- Mateus 5:6
- João 4:13-14
- Apocalipse 7:16-17

## 2. A casa do tesouro

*Recordo os feitos do Senhor,
pois me lembro das tuas maravilhas da antiguidade.*
—Salmo 77:11

### PARALELOS E PRINCÍPIOS BÍBLICOS

- Uma coisa é ser cauteloso, outra é ser medroso. À medida que os outros ficam mais e mais estimulados, Susana fica ainda mais temerosa. O seu medo a está segurando. As Escrituras nos dizem: "…Sê forte e corajoso; não temas, nem te espantes, porque o Senhor, teu Deus, é contigo por onde quer que andares" (Josué 1:9).

- As crianças recordam seus dias como Reis e Rainhas de Nárnia. Apesar de inicialmente se entristecerem pelos dias idos, as alegres recordações os lembram de quem são, foram e de tudo que superaram. Isto lhes dá coragem para enfrentar qualquer aventura posterior. O salmista disse: "Lembro-me destas coisas-e dentro de mim se me derrama a alma, de como passava eu com a multidão de povo e os guiava em procissão à Casa de Deus, entre gritos de alegria e louvor, multidão em festa. Por que estás abatida, ó minha alma? Por que te perturbas dentro de mim? Espera em Deus, pois ainda o louvarei, a ele, meu auxílio e Deus meu" (Salmo 42:4-5).

## *Pense nisto!*
Nas ruínas do Cair Paravel, as crianças descobriram a câmara do antigo tesouro onde, os Reis e Rainhas guardavam seus bens mais preciosos. As Escrituras dizem que Deus é o firme fundamento para Seu povo: "…abundância de salvação, sabedoria e conhecimento". Qual é a chave que revela este tesouro? (Dica: leia Isaías 33:5-6)

## *Textos sobre como encontrar coragem diante do medo*
- Salmos 27:1-6; 46:1-3
- Isaías 41:10

# 3. O anão

*O justo é libertado da angústia, e o perverso a recebe em seu lugar.*
—Provérbios 11:8

## PARALELOS E PRINCÍPIOS BÍBLICOS

- Susana e os outros vêm socorrer o Anão imediatamente. Isaías 1:17 nos encoraja: "Aprendei a fazer o bem; […], repreendei ao opressor…". E Provérbios 24:11 diz: "Livra os que estão sendo levados para a morte e salva os que cambaleiam indo para serem mortos".

- Durante toda a sua vida, disseram ao Anão que as florestas da costa eram mal assombradas. Os soldados fogem da ilha com medo, convencidos de que tinham sido atacados por "fantasmas". A Bíblia fala com desdém de pessoas "cheias de superstições" (Isaías 2:6) e "atemorizadas pelos sinais dos céus" (Jeremias 10:2). Isaías 8:12-13 nos diz: "Não chameis conjuração a tudo quanto este povo chama conjuração; não temais o que ele teme, nem tomeis isso por temível. Ao Senhor dos Exércitos, a ele santificai; seja ele o vosso temor, seja ele o vosso espanto".

### *Alguma semelhança?*

Os soldados estão aterrorizados pensando que viram um fantasma. Até o Anão — que tem muito mais coragem e bom senso — precisa de um pouco mais de confiança. A Bíblia nos fala de algumas pessoas que pensaram ter visto um fantasma. Uma das maneiras que Ele provou ser verdadeiro foi ao comer peixe. Sabe quem foi?

(Dica: leia Lucas 24:36-45)

### *Textos sobre o terror do perverso*

- Isaías 3:11
- Provérbios 10:24; 21:15

# 4. O anão conta a história do príncipe Caspian

*Porque não vos demos a conhecer o poder e a vinda de nosso Senhor Jesus Cristo seguindo fábulas engenhosamente inventadas, mas nós mesmos fomos testemunhas oculares da sua majestade.*
—2 Pedro 1:16

## PARALELOS E PRINCÍPIOS BÍBLICOS

- Os Telmarinos tentaram apagar a memória da Antiga Nárnia e fingir que ela nunca existiu. A Bíblia nos diz que os homens sem Deus, "...detêm a verdade pela injustiça"

(Romanos 1:18). Eles rejeitaram a sabedoria e a razão, "...se tornaram nulos em seus próprios raciocínios, obscurecendo-se-lhes o coração insensato, pois eles mudaram a verdade de Deus em mentira..." (Romanos 1:21,25). Já não são capazes de compreender o que é certo, verdadeiro e real, pois os seus corações foram endurecidos (Efésios 4:18).

- Através deste novo preceptor, Caspian tem a oportunidade de aprender a verdade, e escolher um caminho diferente dos seus "ascendentes". Esta é uma escolha que cada cristão deve fazer. Efésios 5 explica: "Pois, outrora, éreis trevas, porém, agora, sois luz no Senhor; andai como filhos da luz (porque o fruto da luz consiste em toda bondade, e justiça, e verdade), provando sempre o que é agradável ao Senhor. E não sejais cúmplices nas obras infrutíferas das trevas; antes, porém, reprovai-as. Portanto, vede prudentemente como andais, não como néscios, e sim como sábios, remindo o tempo, porque os dias são maus" (vv.8-11,15,16).

## *Você sabia?*

De acordo com doutor Cornelius, o velho sábio, o encontro dos astros Tarva e Alambil "indica que um grande bem vai acontecer ao triste reino de Nárnia". Alguns sábios na Bíblia acreditaram que o aparecimento de uma estrela em particular significava que algo bom estava para acontecer em Israel. Você sabe que estrela era essa?

(Dica: leia Mateus 2:1-12)

## *Textos sobre como manter a boca fechada*
- Provérbios 11:13; 12:23; 13:3

## 5. As aventuras de Caspian nas montanhas

*Livra-me, Deus meu, das mãos do ímpio,*
*das garras do homem injusto e cruel.*
*Pois tu és a minha esperança, SENHOR Deus,*
*a minha confiança desde a minha mocidade.*
—SALMO 71:4-5

### PARALELOS E PRINCÍPIOS BÍBLICOS

- Contrariando Nikabrik, Trumpkin e Caça-Trufas insistem em demonstrar bondade a Caspian. As Escrituras estão cheias de admoestações como esta, "…compartilhai as necessidades dos santos" (Romanos 12:13). "Como o natural, será entre vós o estrangeiro que peregrina convosco; amá-lo-eis como a vós mesmos" (Levítico 19:34). "Sede, mutuamente, hospitaleiros, sem murmuração" (1 Pedro 4:9). "Não negligencieis a hospitalidade, pois alguns, praticando-a, sem o saber acolheram anjos" (Hebreus 13:2).

- Já passou-se mais de mil anos desde a Era Dourada de Nárnia. Nikabrik e Trumpkin têm tanta dificuldade em crer nas histórias de Aslam e dos Reis e Rainhas como algumas pessoas de nosso tempo têm em crer na Bíblia. As Escrituras nos dizem: "Ora, a fé é a certeza de coisas que se esperam, a convicção de fatos que se não veem" (Hebreus 11:1). O Caça-Trufas demonstra a fé que Jesus ordenou em João 20:29, onde lemos que Jesus disse aos Seus discípulos: "Porque me viste, creste? Bem-aventurados os que não viram e creram".

## *Você sabia?*
Não importa o que os outros pensem, o Caça-Trufas diz que ele será fiel a Aslam e ao Rei, Ele é um discípulo de verdade. "Nós não mudamos de opinião todos os dias. Não esquecemos…". A Bíblia nos fala de Alguém que nunca esquece e jamais muda e que sempre permanece fiel. Você sabe quem Ele é?
(Dica: leia Hebreus 13:8; 2 Timóteo 2:11-13

## *Textos sobre Fé*
- 2 Coríntios 5:7
- Hebreus 11
- Romanos 1:16-17

# 6. O esconderijo dos antigos narnianos

*Quando sobem os perversos, os homens se escondem, mas, quando eles perecem, os justos se multiplicam.*
—Provérbios 28:28

## PARALELOS E PRINCÍPIOS BÍBLICOS

- Caspian está chocado por perceber que as horríveis criaturas das histórias antigas são tão reais quanto as boas. Muitas pessoas acham agradável crer na existência dos anjos da guarda. Mas se acreditamos que a Bíblia é a verdade, temos que entender que o mundo espiritual não é habitado por anjos somente, mas por demônios também. Temos um Pai Celestial amoroso, que cuida de nós, mas também temos um inimigo que procura nos "devorar" (1 Pedro 5:8)! Por esse motivo Efésios 6:11-12 diz: "Revesti-vos de toda a armadura de Deus, para poderdes ficar firmes contra as ciladas do diabo; porque a nossa luta não é contra o sangue e a carne, e sim contra os principados e potestades, contra os dominadores deste mundo tenebroso, contra as forças espirituais do mal, nas regiões celestes".

- Nikabrik crerá em qualquer pessoa ou coisa que expulsará os Telmarinos de Nárnia. Alguns dos seguidores de Jesus sentiram-se da mesma maneira. Eles creriam em qualquer pessoa que achassem ser capaz de libertá-los da opressão dos romanos. Eles queriam tornar Jesus o seu rei, mas quando entenderam que Ele não os lideraria numa revolta militar, o abandonaram (João 6:15,66). As Escrituras nos dizem que em tempos difíceis, em vez de clamarem por Ele, o povo de Deus fez repetidas alianças com nações pagãs, adorou deuses falsos e apelou para os espíritos malignos em busca de ajuda (Isaías 30:1-2; 31:1). Os resultados sempre foram desastrosos.

### *Você sabia?*

Para sua alegria, Caspian descobre que há muitos velhos narnianos ainda vivos — eles apenas estão escondidos. Durante o reinado de um rei perverso, um profeta reclamou que ele era o único servo de Deus ainda vivo na terra, até que Deus lhe disse que havia mais de sete mil. Muitos deles estavam apenas escondidos. Você se lembra do nome deste profeta?
(Dica: leia 1 Reis 18:4; 19:14-18)

### *Textos sobre esconder-se em Deus*
- Salmos 17:6-9; 32:7; 143:9

# 7. A antiga Nárnia em perigo

*Vai alta à noite, e vem chegando o dia.*
*Deixemos, pois, as obras das trevas*
*e revistamo-nos das armas da luz.*
—Romanos 13:12

## PARALELOS E PRINCÍPIOS BÍBLICOS

- No conselho de guerra, Caspian escuta a sabedoria e orientação do doutor Cornelius, o texugo, Glenstorm, um centauro, Caça-Trufas e outros. Provérbios 20:18 diz: "Os planos mediante os conselhos têm bom êxito; faze a guerra com prudência"; e ainda observa: "Não havendo sábia direção, cai o povo, mas na multidão de conselheiros há segurança" (Provérbios 11:14).

- Caspian decide usar a trompa da Rainha Susana para convocar ajuda. Nas Escrituras o som da trompa chamava os soldados para a batalha. Era um grito de socorro. A trompa também simbolizava poder, força e livramento (ver 2 Samuel 22:3; Salmo 89:16-17,24; 112:9). Zacarias profetizou sobre a vinda do Messias (Jesus) em Lucas 1:67-75: "Bendito seja o Senhor, "[...] e nos suscitou plena e poderosa salvação [...] para nos libertar dos nossos inimigos e das mãos de todos os que nos odeiam [...] de conceder-nos que, livres das mãos de inimigos, o adorássemos sem temor, em santidade e justiça perante ele, todos os nossos dias".

## *Alguma semelhança?*

O Monte de Aslam é um memorial sagrado, construído como uma tumba sobre as ruínas da Mesa de Pedra. Dentro ficam túneis e cavernas, todas forradas com pedras que formam mosaicos. Muitos retratam um leão ou algum outro antigo e misterioso símbolo. Quando a igreja primitiva sofreu perseguição do império romano, eles foram para o subterrâneo, onde construíram quilômetros de cavernas, túneis, e passagens chamadas catacumbas. Os que eram perseguidos usaram as catacumbas como um refúgio secreto, lugar para se encontrarem para adorar e orar, e como um lugar para enterrar seus queridos.

Os arqueólogos encontraram estes túneis revestidos com mosaicos que retratam cenas da vida de Cristo, pombas, peixes e outros símbolos cristãos.

### *Textos sobre perseverança na batalha*
- Romanos 8:31-37
- Salmo 18:32-39
- 1 Timóteo 6:12

# 8. A partida da ilha

*E compadecei-vos de alguns que estão na dúvida.*
—JUDAS 22

## PARALELOS E PRINCÍPIOS BÍBLICOS

- As crianças entendem que não vieram parar em Nárnia por acidente — elas foram chamadas. A Bíblia nos diz que todos os cristãos são chamados por Deus para cumprir Seus planos e propósitos aqui na Terra. "Vós, porém, sois raça eleita, sacerdócio real, nação santa, povo de propriedade exclusiva de Deus, a fim de proclamardes as virtudes daquele que vos chamou das trevas para a sua maravilhosa luz" (1 Pedro 2:9).

- Trumpkin não consegue ver como quatro crianças poderiam ajudar Nárnia. 1 Coríntios 1:26-27 diz: "Irmãos, reparai, pois, na vossa vocação; visto que não foram chamados muitos sábios segundo a carne, nem muitos poderosos, nem muitos de nobre nascimento; pelo contrário, Deus escolheu as coisas loucas do mundo para envergonhar os sábios e escolheu as coisas fracas do mundo para envergonhar as fortes".

- As crianças se revezam demonstrando suas habilidades e talentos — e os dons peculiares que Aslam deu a cada um. A Bíblia diz que todos os cristãos receberam dons de Deus. Estes dons incluem: sabedoria, conhecimento administração, fé cura, milagres, profecia, e discernimento (1 Coríntios 12:8-11,28-31). Devemos usar nossos dons para nos ajudarmos e fortalecermo-nos mutuamente, e para edificarmos o Corpo de Cristo. "...se um membro sofre, todos sofrem com ele; e, se um deles é honrado, com ele todos se regozijam" (1 Coríntios 12:26).

## *Você sabia?*

Trumpkin diz que acredita nas crianças, mas ele realmente não entende quem são e o que são capazes de fazer. Alguns discípulos de Jesus tiveram o mesmo problema. Como Jesus lhes demonstrou Seu poder?

(Dica: leia Mateus 14:22-33)

## *Textos sobre dúvida*
- Mateus 13:57-58
- Tiago 1:5-8
- Mateus 21:18-22

# 9. O que Lúcia viu

*Os teus olhos olhem direito, e as tuas pálpebras, diretamente diante de ti. Pondera a vereda de teus pés, e todos os teus caminhos sejam retos.*
—Provérbios 4:25-26

## PARALELOS E PRINCÍPIOS BÍBLICOS

- Ao se deparar com o urso selvagem, Lúcia começa a imaginar o que aconteceria se, em nosso mundo, "os homens se transformassem por dentro em animais ferozes". As Escrituras nos dizem que foi exatamente isso que aconteceu — e continuará a acontecer, à medida que a história humana se aproxima de seu fim: "Sabe, porém, isto: nos últimos dias, sobrevirão tempos difíceis, pois os homens serão egoístas, avarentos, jactanciosos, arrogantes, blasfemadores, desobedientes aos pais, ingratos, irreverentes, desafeiçoados, implacáveis, caluniadores, sem domínio de si, cruéis, inimigos do bem, traidores, atrevidos, enfatuados, mais amigos dos prazeres que amigos de Deus" (2 Timóteo 3:1-4). Romanos 1:28-29 diz: "E, por haverem desprezado o conhecimento de Deus, o próprio Deus os entregou a uma disposição mental reprovável, para praticarem coisas inconvenientes, cheios de toda injustiça, malícia, avareza e maldade; possuídos de inveja, homicídio, contenda, dolo e malignidade; sendo difamadores" (Veja Romanos 1:18-32 e Judas 10).

- Lúcia está muito triste por ninguém acreditar nela. Todos afirmam que ela não pode ter visto Aslam. Uma jovem mulher chamada Maria Madalena foi a primeira pessoa a ver Jesus após Sua morte e ressurreição. "E, partindo ela, foi anunciá-lo àqueles que, tendo sido companheiros de Jesus, se achavam tristes e choravam. Estes, ouvindo que ele vivia e que fora visto por ela, não acreditaram" (Marcos 16:10-11; ver Lucas 24:10-11).

*Você sabia?*
Em *O Leão, a Feiticeira e o Guarda-Roupa*, Edmundo debochou sem dó de Lúcia, por causa do seu país "imaginário" — somente para descobrir que sua história era verdadeira. Ele aprendeu com essa experiência. Antes ele era orgulhoso e arrogante, agora é humilde e atencioso. O que a Bíblia diz sobre humildade?
(Dica: leia Provérbios 11:2)

*Textos sobre encontrar o caminho certo*
- Salmos 16:11; 23:1-4
- Provérbios 3:5-6

# 10. O retorno do Leão

*Buscai o Senhor enquanto se pode achar,*
*invocai-o enquanto está perto.*
—Isaías 55:6

## PARALELOS E PRINCÍPIOS BÍBLICOS

- Aslam diz a Lúcia que ele lhe parece maior, porque ela cresceu. Normalmente o contrário é verdade: quanto mais crescemos, descobrimos que as coisas que nos pareciam grandes são na verdade menores do que aquilo que lembramos. O mesmo não acontece com Deus. Quanto maiores ficamos, mais percebemos quão grande Ele é, e o quão pequenos somos, e o quanto ainda precisamos aprender. Em Efésios 3:17-19, o apóstolo Paulo disse: "...e, assim, habite Cristo no vosso coração, pela fé, estando vós arraigados e alicerçados em amor, a fim de poderdes compreender, com todos os santos, qual é a largura, e o comprimento, e a altura, e a profundidade [...] para que sejais tomados de toda a plenitude de Deus".

- Lúcia sente autocomiseração ao pensar na tarefa desagradável diante dela. Mas Aslam a lembra que, "todos nós já passamos momentos difíceis em Nárnia". Outros sofreram muito mais. Em 1 Pedro 5:9, os cristãos, já cansados da batalha, são encorajados a continuar resistindo ao diabo e a permanecer firmes na fé "...certos de que sofrimentos iguais aos vossos estão-se cumprindo na vossa irmandade espalhada pelo mundo" (1 Pedro 5:9).

- Aslam diz a Lúcia que se os outros não acreditarem nela, não fará diferença. "Você pelo menos terá de acompanhar-me." Durante todo o Seu ministério terreno, Jesus chamou pessoas para deixarem suas casas, suas famílias, seus negócios — e a sacrificarem tudo para segui-lo. Ele advertiu Seus discípulos de que seus irmãos e irmãs se voltariam contra eles por Sua causa (Lucas 12:51-53). Quando os discípulos lhe perguntaram o que Deus exigiria dos outros, Jesus respondeu: "...que te importa? Quanto a ti, segue-me" (João 21:22).

### *Você sabia?*

Lúcia tem um relacionamento muito especial com Aslam. Por segui-lo de coração, ela se aproxima dele e aprende a conhecê-lo melhor do que outros o conhecem. Jesus teve um discípulo que lhe era muito próximo. Você se lembra quem era?

(Dica: leia João 13:22-25; 21:24. Quatro livros do Novo Testamento ostentam o seu nome).

### *Textos sobre a diferença entre os caminhos de Deus e os nossos*
- Isaías 55:8-9
- 1 Coríntios 2:10-14
- Romanos 11:33-36

# 11. O Leão ruge

*E isto digo, conhecendo o tempo,*
*que já é hora de despertarmos do sono;*
*porque a nossa salvação está agora mais perto*
*de nós do que quando aceitamos a fé.*
—Romanos 13:11

## PARALELOS E PRINCÍPIOS BÍBLICOS

- Independente dos comentários ou atitudes alheias, Lúcia sabe que deve obedecer Aslam — e segui-lo. 1 Pedro 3:12-14 nos diz como devemos reagir às situações similares em nossas vidas: "Mas também, se padecerdes por amor da justiça, sois bem-aventurados. E não temais com medo deles, nem vos turbeis. Antes, santificai ao Senhor Deus em vossos corações; e estai sempre preparados para responder com mansidão e temor a qualquer que vos pedir a razão da esperança que há em vós, Tendo uma boa consciência, para que, naquilo em que falam mal de vós, como de malfeitores, fiquem confundidos os que blasfemam do vosso bom porte em Cristo".

- Lúcia esqueceu tudo — seus temores e frustrações com Susana, quando ela "levantou os olhos e fixou-os" em Aslam. Hebreus 12:1-3 diz: "Portanto, também nós, visto que temos a rodear-nos tão grande nuvem de testemunhas, desembaraçando-nos de todo peso e do pecado que tenazmente nos assedia, corramos, com perseverança, a carreira que nos está proposta, olhando firmemente para o Autor e Consumador da fé, Jesus, o qual, em troca da alegria que lhe estava proposta, suportou a cruz, não fazendo caso da ignomínia, e está assentado à destra do trono de Deus. Considerai, pois, atentamente, aquele que suportou tamanha oposição dos pecadores contra si mesmo, para que não vos fatigueis, desmaiando em vossas almas".

- Aslam leva as crianças diretamente ao desfiladeiro — por caminhos secretos e saliências ocultas que não conseguiriam descobrir por si mesmos. Em Isaías 42:16 Deus diz: "Guiarei os cegos por um caminho que não conhecem, fá-los-ei andar por veredas desconhecidas; tornarei as trevas em luz perante eles e os caminhos escabrosos, planos. Estas coisas lhes farei e jamais os desampararei".

- Aslam diz a Susana: "Você deixou que o medo a dominasse". Cheia de culpa e vergonha, ela mal pode encará-lo. 1 João 3:16-20 relembra que devemos nos concentrar no amor de Deus, revelado na morte de Jesus na cruz: "Nisto conhecemos o amor [...] perante ele, tranquilizaremos o nosso coração; pois, se o nosso coração nos acusar, certamente, Deus é maior do que o nosso coração e conhece todas as coisas". Aslam sopra sobre Susana, como Jesus soprou sobre Seus atemorizados discípulos (João 20:22), e assegura-lhe do

Seu amor. João afirma: "No amor não existe medo; antes, o perfeito amor lança fora o medo" (1 João 4:18).

- Aslam saúda Edmundo com as palavras, "Muito bem!". Em Mateus 25:21 Jesus descreve como Deus reage à nossa obediência a Ele: "Disse-lhe o senhor: Muito bem, servo bom e fiel; foste fiel no pouco, sobre o muito te colocarei; entra no gozo do teu senhor".

- Embora tendo dormido pouco, Pedro e Edmundo não demonstram sinais de cansaço. A presença de Aslam deu-lhes o refrigério. Isaías 40:29-31 nos diz que Deus "Faz forte ao cansado e multiplica as forças ao que não tem nenhum vigor. Os jovens se cansam e se fatigam, e os moços de exaustos caem, mas os que esperam no SENHOR renovam as suas forças, sobem com asas como águias, correm e não se cansam, caminham e não se fatigam".

## *Você sabia?*

Susana e Lúcia mais uma vez testemunham Aslam ser miraculosamente liberto de Nárnia. Elas participam de uma fantástica celebração — cantando, dançando e fazendo festa. A Bíblia diz que haverá um "banquete contínuo". Quem se alegrará nele? (DICA: LEIA PROVÉRBIOS 15:15)

## *Textos sobre perseverança em tempos de provações*
- Filipenses 3:7-14
- Tiago 1:2-4
- Hebreus 12:4-13

## 12. Magia negra e repentina vingança

*Ai dos que ao mal chamam bem e ao bem, mal;*
*que fazem da escuridade luz e da luz, escuridade...*
—Isaías 5:20

### PARALELOS E PRINCÍPIOS BÍBLICOS

- Nikabrik insiste que não veio qualquer ajuda, mas o Caça-Trufas diz profeticamente: "O auxílio há de vir! Pode ser até que já esteja à nossa porta". A fé do texugo é como a do salmista que disse: "Eu creio que verei a bondade do Senhor na terra dos viventes" (Salmo 27:13).

- Isaías 30:18 afirma: "Por isso, o Senhor espera, para ter misericórdia de vós, e se detém, para se compadecer de vós, porque o Senhor é Deus de justiça; bem-aventurados todos os que nele esperam".

- Nikabrik questiona a verdade das histórias antigas, sugerindo que Aslam nunca ressuscitou da morte e que muito do que os narnianos criam não passava de mito ou conto de fadas. Desde a cruz, os incrédulos têm feito as mesmas acusações contra os cristãos. Mateus 28:11-15 nos mostra como os soldados que testemunharam a ressurreição de Jesus conspiraram para dizer que Ele não tinha ressuscitado, e que Seus discípulos haviam roubado seu corpo. "Esta versão divulgou-se [...] até ao dia de hoje." Mas o apóstolo Paulo insistiu: "Porque não vos demos a conhecer o poder e a vinda de nosso Senhor Jesus Cristo seguindo fábulas engenhosamente inventadas, mas nós mesmos fomos testemunhas oculares da sua majestade" (2 Pedro 1:16).

- Quando Nikabrik sugere que eles invoquem a Feiticeira Branca, Caspian reage com justa raiva. Nas Escrituras, Deus proíbe totalmente a necromancia — tentativa de estabelecer contato com os espíritos dos mortos. Isaías 8:19 diz: "Quando vos disserem: Consultai os necromantes e os adivinhos, que chilreiam e murmuram, acaso, não consultará o povo ao seu Deus? A favor dos vivos se consultarão os mortos?". Deuteronômio 18:12 nos diz: "...pois todo aquele que faz tal coisa é abominação ao Senhor...".

- Embora ele mesmo nunca tenha visto Aslam, e as histórias dos Reis e Rainhas tivessem mais de mil anos, o Caça-Trufas ainda persistia em sua fé. Em 1 Pedro 1:8-9, o apóstolo Pedro fala aos que não tiveram a oportunidade de andar com Jesus, como ele e outros discípulos tiveram, e no entanto, ainda creem: "...a quem, não havendo visto, amais; no qual, não vendo agora, mas crendo, exultais com alegria indizível e cheia de glória, obtendo o fim da vossa fé: a salvação da vossa alma". Como o Caça-Trufas, um dia nós teremos o privilégio de encontrar Aquele em quem temos crido — o Rei dos reis — face a face.

## *Você sabia?*

Durante anos Nikabrik permitiu que o ódio e a amargura enchessem seu coração, até que estes o consumiram. O que a Bíblia nos diz para fazer com esses sentimentos?
(Dica: leia Efésios 4:31;5:2)

## *Textos sobre o livramento de Deus*
- Salmo 33:20-22
- Lamentações 3:22-26
- Romanos 8:18-25

# 13. O grande Rei assume o comando

*A integridade dos retos os guia;*
*mas, aos pérfidos,*
*a sua mesma falsidade os destrói.*
—Provérbios 11:3

## PARALELOS E PRINCÍPIOS BÍBLICOS

- Pedro observa que Aslam age "em seu tempo [...] não em nosso". As Escrituras frequentemente utiliza-se de frases como "na plenitude dos tempos" ou "no tempo designado" para indicar que tudo acontece quando Deus ordena — de acordo com Seu plano e momento. "Há, todavia, uma coisa, amados, que não deveis esquecer: que, para o Senhor, um dia é como mil anos, e mil anos, como um dia" (2 Pedro 3:8). Nem sempre entendemos a demora, mas 2 Pedro 3:9 nos assegura que "Não retarda o Senhor a sua promessa, como alguns a julgam demorada; pelo contrário, ele é longânimo para convosco…". De acordo com Eclesiastes 3:11, "Tudo fez Deus formoso no seu devido tempo".

- Depois de seu encontro com Aslam, Edmundo adquiriu "um ar temível". A Bíblia nos relata que depois que Moisés se encontrou com Deus no monte Sinai, sua face brilhava tanto que ele teve que usar um véu (Êxodo 34:29-33). Paulo em 2 Coríntios 3:18 diz que agora todos nós os cristãos, com o rosto desvendado, refletimos "a glória do Senhor". Atos 4:13 relata que os discípulos foram colocados à prova, mas quando as pessoas viram "…a intrepidez de Pedro e João, sabendo que eram homens iletrados e incultos, admiraram-se; e reconheceram que haviam eles estado com Jesus". Miraz cercou-se de homens maus, homens que apoiariam seus planos de assassinatos e o ajudariam em sua traição. Mas ele é tolo ao transformar aqueles homens em seus conselheiros.

- Provérbios 12:5 adverte: "...Os conselhos do perverso, [são] engano".

- Provérbios 26:24-25 explica: "Aquele que aborrece dissimula com os lábios, mas no íntimo encobre o engano; quando te falar suavemente, não te fies nele, porque sete abominações há no seu coração".

## *Alguma semelhança?*

Pedro começa seu desafio a Miraz referindo-se à sua posição como o Grande Rei "por graça de Aslam". (A frase lhe confere autoridade: Aslam o designou e o colocou no comando. Ao mesmo tempo, é um humilde reconhecimento de que seu poder vem de Aslam e não de si mesmo.) Um dos líderes da igreja primitiva começava quase todas as suas cartas da mesma forma, referindo-se a si como um apóstolo estabelecido por Jesus Cristo. Sabe quem foi este apóstolo?
(DICA: LEIA GÁLATAS 1:1; ROMANOS 1:1; 2 CORÍNTIOS 1:1; EFÉSIOS 1:1; COLOSSENSES 1:1; 1 E 2 TIMÓTEO 1:1 E TITO 1:1)

## *Textos sobre a conduta do sábio*
- Provérbios 14:29; 17:27; 19:11

# 14. Confusão geral

*O fazer justiça é alegria para o justo,*
*mas destruição para os que praticam a iniquidade.*
—Provérbios 21:15

## PARALELOS E PRINCÍPIOS BÍBLICOS

- "Ainda os narnianos não tinham propriamente organizado o ataque, quando verificaram que o inimigo cedia". Em Êxodo 23:27 Deus prometeu: "Enviarei o meu terror diante de ti, confundindo a todo povo onde entrares; farei que todos os teus inimigos te voltem as costas".

- Mais uma vez Aslam traz livramento a Nárnia, libertando os cativos (compare com Isaías 61:1). Jeremias 31:11-13 descreve como Deus livrará o Seu povo: "Porque o Senhor redimiu [...] e o livrou da mão do que era mais forte do que ele. Hão de vir e exultar na altura de Sião, radiantes de alegria por causa dos bens do Senhor, do cereal, do vinho, do azeite, dos cordeiros e dos bezerros; a sua alma será como um jardim regado, e nunca mais desfalecerão. Então, a virgem se alegrará na dança, e também os jovens e os velhos; tornarei o seu pranto em júbilo e os consolarei; transformarei em regozijo a sua tristeza".

- Aslam não somente livra a Antiga Nárnia, mas resgata os Telmarinos, cujos corações são sensíveis a ele. Jesus deixou claro que Ele não veio salvar somente uma raça ou povo (João 10:16; 1 João 2:2). Apocalipse 5:9 afirma que com Seu sangue Ele pagou o preço ou redimiu os homens "...de toda a tribo, e língua, e povo, e nação".

Em Apocalipse 3:20 Jesus faz um convite: "Eis que estou à porta, e bato; se alguém ouvir a minha voz, e abrir a porta, entrarei...".

### *Alguma semelhança?*
Baco oferece à velha ama de Caspian um cântaro com água do poço. Porém ao prová-la, ela descobre que tinha se tornado em vinho! Alguém na Bíblia ofereceu aos sedentos uma "fonte de água que salta para a vida eterna" e o Seu primeiro milagre foi transformar a água em vinho. Sabe quem foi esta pessoa?
(Dica: leia João 4:13-14; e João 2:7-11)

### *Textos sobre celebração da vitória de Deus*
- Êxodo 15:1-13
- Salmo 148
- Apocalipse 11:17-18

# 15. Aslam abre uma porta no ar

*Os céus e a terra tomo, hoje, por testemunhas contra ti, que te propus a vida e a morte, a bênção e a maldição; escolhe, pois, a vida, para que vivas, tu e a tua descendência, amando o Senhor, teu Deus, dando ouvidos à sua voz e apegando-te a ele; pois disto depende a tua vida e a tua longevidade...*
—Deuteronômio 30:19-20

## PARALELOS E PRINCÍPIOS BÍBLICOS

- Aslam diz a Caspian que se ele tinha se sentido autossuficiente, era uma prova de que ele não o era. Romanos 12:3 nos diz: "...não pense de si mesmo além do que convém". E 1 Coríntios 10:12 exorta: "Aquele, pois, que pensa estar em pé veja que não caia". O apóstolo Paulo pede aos cristãos para não colocarem sua confiança na carne (Filipenses 3:3). Em vez disso, deveríamos reconhecer nossa fragilidade humana e nossa total dependência em Deus. "Então, [Deus] me disse: A minha graça te basta, porque o poder se aperfeiçoa na fraqueza. De boa vontade, pois, mais me gloriarei nas fraquezas, para que sobre mim repouse o poder de Cristo" (2 Coríntios 12:9-10).

- Os amigos de Ripchip o trazem a Aslam para que o cure. Em Lucas 5:18-26 alguns amigos trouxeram um paralítico até Jesus. Ao não conseguirem entrar pela porta, por causa da multidão, eles o baixaram numa maca através do telhado. Jesus compadeceu-se quando "viu a fé deles" e por consideração a eles, curou o homem.

- Lúcia tem um relacionamento especial com Aslam; ela o ama de todo o coração e o serve fielmente. "Lúcia, sentada junto de Aslam" — uma demonstração de devoção. As Escrituras descrevem a mesma devoção em Maria de Betânia, que se assentou aos pés de Jesus (Lucas 10:39), e em João, o discípulo amado, que se recostou em Jesus na Última Ceia (João 13:25).

- Aslam "ofereceu aos narnianos um banquete" durante todo o dia e toda a noite. Durante todo o seu ministério terreno, Jesus alimentou Seus discípulos, às vezes, quatro ou cinco mil de uma só vez (Mateus 14:13-21; 15:29-38). Em Suas Parábolas Ele frequentemente usava banquetes e festas para descrever o reino de Deus (Mateus 22:1-14; Lucas 14:15-23). Jesus prometeu que um dia todos os cristãos se juntariam a Ele para uma majestosa celebração no Céu — nas "bodas do Cordeiro" (Apocalipse 19:9).

- Caspian aprende que ser um Filho de Adão ou uma Filha de Eva é honra e vergonha. É uma honra ser singular entre toda a Criação — "E criou Deus o homem à sua imagem: à imagem de Deus o criou; homem e mulher os criou" (Gênesis 1:27, ver também 2:7). Mas é uma vergonha ser responsável por trazer o pecado e a morte para o mundo. "Porque, como pela desobediência de um só homem, muitos foram feitos pecadores..." (Romanos 5:19).

## *Alguma semelhança?*
Susana e Lúcia são muito parecidas com duas irmãs da Bíblia. Uma, como Susana, prestava atenção às "coisas práticas", enquanto a outra, como Lúcia, atentava para as "coisas espirituais". Você se lembra dos nomes destas irmãs?
(Dica: leia Lucas 10:38-42)

## *Textos sobre escolhas que mudam a vida*
- Josué 24:14-15
- João 3:16-18
- João 15:16

# A Viagem do Peregrino
# DA ALVORADA

*Introdução*

# A Viagem do Peregrino da Alvorada

E, nesse mesmo instante, ou os garotos diminuíram de tamanho ou o quadro ficou maior. Eustáquio deu um pulo para ver se retirava o quadro da parede, mas ficou encravado na moldura; na sua frente não havia vidro, mas um mar verdadeiro com ventos e ondas batendo no caixilho, como se fosse de encontro a uma rocha. Perdeu a cabeça e se agarrou aos outros dois que já tinham pulado para perto dele. Houve um instante de confusão e gritaria; quando achavam que tinham recuperado o equilíbrio, surgiu uma grande onda azul que os fez rodopiar, atirando-os ao mar.

—A Viagem do Peregrino da Alvorada

Após caírem diretamente numa pintura na Inglaterra, Edmundo, Lúcia e seu primo Eustáquio subitamente encontram-se navegando a bordo do *Peregrino da Alvorada* no Grande Oceano Oriental na costa de Nárnia. Três anos tinham se passado no tempo de Nárnia desde a última aventura dos Pevensie. A terra está em paz; tudo está bem. Assim, o Rei Caspian começara a busca pelos Sete Lordes que desapareceram de Nárnia durante o reinado de seu maldoso tio. Ripchip, o rato-chefe, tem uma esperança maior — uma grande ambição: "Por que não haveríamos de chegar até o extremo oriental do mundo? Que poderíamos encontrar lá? Espero encontrar o próprio país de Aslam".

*A Viagem do Peregrino da Alvorada* (Ed. Martins Fontes, 2010) é uma série de aventuras, uma história de muitas jornadas espirituais. Para Caspian, Edmundo e Lúcia, é uma jornada de maturidade espiritual. Eles terão numerosas oportunidades para praticar a admoestação de Romanos 12:9-21: "O amor seja sem hipocrisia. Detestai o mal, apegando-vos ao bem. Amai-vos cordialmente uns aos outros com amor fraternal, preferindo-vos em honra uns aos outros. No zelo, não sejais remissos; sede fervorosos de espírito, servindo ao Senhor; regozijai-vos na esperança, sede pacientes na tribulação, na oração, perseverantes; compartilhai as necessidades dos santos; praticai a hospitalidade [...] Alegrai-vos com os que se alegram e chorai com os que choram [...] Não te deixes vencer do mal, mas vence o mal com o bem".

Para Ripchip, a viagem é o clímax ou culminação da jornada da sua vida. Ele "combateu o bom combate" (2 Timóteo 4:7), e agora seus olhos estão firmemente fixos na eternidade. Logo ele experimentará o cumprimento do sonho de sua vida — estar no país de Aslam (Céu). Ele não pode esperar mais. "A minha alma está desejosa, e desfalece pelos átrios do Senhor; o meu coração e a minha carne clamam pelo Deus vivo" (Salmo 84:2).

Para Eustáquio é uma jornada de transformação. Ele chega a Nárnia como uma criança ruim, egoísta, desagradável que tornava miserável a vida de todos a bordo. Entretanto, quando Eustáquio é transformado num dragão, as escamas caem de seus olhos (compare com Atos 9:18). Ele se vê como o miserável pecador que é, e reconhece a sua necessidade por um Salvador. Em uma das mais poderosas experiências de conversão em *As Crônicas de Nárnia*, Aslam vem resgatar Eustáquio e libertá-lo do aprisionamento de seu dragão interior. Eustáquio literalmente despe-se do homem exterior — da velha natureza, da carne — para tornar-se uma nova criatura (Veja 2 Coríntios 5:17). Ele "estava melhorando muito e [nem] parecia o mesmo rapaz".

Quando C. S. Lewis escreveu *A Viagem do Peregrino da Alvorada*, ele achou que estava completando *As Crônicas de Nárnia*. Há claramente um senso de término. A jornada termina às margens do país de Aslam e as crianças Pevensie ouvem que suas aventuras em Nárnia chegaram ao fim. Na última cena Lewis faz referência explícita a história dentro da história e fala sobre o seu objetivo ao escrever *As Crônicas*. Aslam diz às crianças que embora não o encontrarão novamente em Nárnia, eles podem conhecê-lo em seu próprio mundo. "Mas tenho outro nome. Têm de aprender a conhecer-me por esse nome. Foi por isso que os levei a Nárnia, para que, conhecendo-me um pouco, venham a conhecer-me melhor".

Você descobrirá este e muitos outros tesouros espirituais ao embarcar em *A Viagem do Peregrino da Alvorada*.

# 1. O quadro

*Do alto me estendeu ele a mão e me tomou;*
*tirou-me das muitas águas.*
—SALMO 18:16

## PARALELOS E PRINCÍPIOS BÍBLICOS

- Os leitores dos dias de C. S. Lewis reconheceriam a descrição do estilo de vida de Arnaldo e Alberta, como semelhantes às abordagens mais "modernas" e "científicas" da forma de criar os filhos e de viver saudável. No afã de adotar as últimas ideias, descartaram os valores fora de moda tais como a cortesia e o respeito pelos outros. Não há calor nem conforto em seu lar, não há lugar para a fé, esperança ou imaginação. Colossenses 2:8 adverte os cristãos: "Tende cuidado, para que ninguém vos faça presa sua, por meio de filosofias e vãs sutilezas, segundo a tradição dos homens, segundo os rudimentos do mundo, e não segundo Cristo".

- Apesar de as palavras de Eustáquio serem extremamente ofensivas, Ripchip se contém. Provérbios 12:16 diz: "A ira do insensato se conhece no mesmo dia, mas o prudente encobre a afronta".

- Diferente de Eustáquio, Lúcia está contentíssima de estar a bordo do navio, "tinha a certeza de que passaria uma temporada maravilhosa". Provérbios 15:15 afirma: "…o coração alegre é um banquete contínuo".

### *Você sabia?*
Eustáquio profere muitas coisas vis e rancorosas — e parece não ter controle sobre sua língua. A Bíblia compara a língua a uma parte do navio. Sabe qual parte é está?
(Dica: leia Tiago 3:4-5)

### *Textos sobre o Senhor do mar*
- Salmos 93; 104:24-26; 135:6

# 2. A bordo do Peregrino da Alvorada

*Prega a palavra, insta, quer seja oportuno, quer não, corrige, repreende, exorta com toda a longanimidade e doutrina.*
—2 Timóteo 4:2

## PARALELOS E PRINCÍPIOS BÍBLICOS

- Ripchip tem um profundo desejo de viajar para o oriente para o país de Aslam. O salmista expressou desejo semelhante: "Quão amáveis são os teus tabernáculos, Senhor dos Exércitos! A minha alma suspira e desfalece pelos átrios do Senhor; o meu coração e a minha carne exultam pelo Deus vivo! [...] Pois um dia nos teus átrios vale mais que mil; prefiro estar à porta da casa do meu Deus, a permanecer nas tendas da perversidade" (Salmo 84:1-2,10).

- Caspian, Edmundo e Lúcia demonstram a maturidade que todos os cristãos devem ter, como diz Romanos 12:10-16: "Amai-vos cordialmente uns aos outros com amor fraternal, preferindo-vos em honra uns aos outros [...] regozijai-vos na esperança, sede pacientes na tribulação, na oração, perseverantes [...] praticai a hospitalidade; abençoai os que vos perseguem [...] Tende o mesmo sentimento uns para com os outros...".

- Eustáquio nunca recebera castigo corporal antes, e este lhe causa um tremendo impacto! Provérbios 22:15 diz: "A estultícia está ligada ao coração da criança, mas a vara da disciplina a afastará dela" (Veja também Provérbios 13:24; 23:13-14).

### Você sabia?
Caspian, sabiamente, fez seu voto de procurar pelos Sete Lordes "com a aprovação de Aslam". O que a Bíblia diz a respeito de fazer um voto ou um juramento?
(Dica: leia Eclesiastes 5:2,4-5)

### Textos sobre correção e disciplina
- Provérbios 12:1; 15:32
- Salmo 94:12

# 3. As Ilhas Solitárias

*"Não temas, porque usarei de bondade para contigo, por amor de [...], teu pai..."*
—2 Samuel 9:7

## PARALELOS E PRINCÍPIOS BÍBLICOS

- O governador Gumpas faz tudo em nome do rei, "mas ele não vai ficar satisfeito ao ver o rei de Nárnia, real e vivo, a pedir-lhe contas do que fez". Jesus advertiu os cristãos de que nem todos que fazem coisas em Seu nome são verdadeiramente servos fiéis. Muitos desses não entrarão no reino dos céus. Jesus disse: "E então lhes direi abertamente: Nunca vos conheci; apartai-vos de mim, vós que praticais a iniquidade" (Mateus 7:23).

- Lorde Bern avisa Caspian que o governador Gumpas não lhe negaria vassalagem, mas fingiria não acreditar que Caspian era quem dizia ser — e ele buscaria matá-lo. Em Lucas 20:9-16, Jesus proferiu uma parábola na qual alguns servos infiéis fizeram exatamente o mesmo com o filho do senhor (Jesus estava profetizando o que os líderes religiosos fariam com Ele: Declarariam obediência a Deus, mas o rejeitariam como Seu Filho e o crucificariam).

- Apesar de ele ser o rei, Caspian está pronto a aceitar o conselho de Lorde Bern. Provérbios 19:20 exorta: "Ouve o conselho e recebe a instrução, para que sejas sábio nos teus dias por vir". Provérbios 15:22 observa: "...onde não há conselho fracassam os projetos, mas com os muitos conselheiros há bom êxito".

### *Alguma semelhança?*
Caspian quer manter sua identidade em segredo no momento. A Bíblia nos fala de um rei que nem sempre queria que Sua identidade fosse revelada. Quem foi esse rei?
(Dica: leia Marcos 3:11-12; 8:27-30)

### *Textos sobre a escravidão espiritual*
- Provérbios 5:22
- 2 Pedro 2:17-19
- João 8:34-36

# 4. Uma vitória de Caspian

*Portanto, vigiai, porque não sabeis*
*em que dia vem o vosso Senhor.*
—Mateus 24:42

## PARALELOS E PRINCÍPIOS BÍBLICOS
- Gumpas foi pego de surpresa com a chegada de Caspian. Jesus disse aos Seus discípulos para estarem alertas e vigiarem

pela Sua segunda vinda. Em Sua ausência, eles deviam permanecer fiéis a tudo o que Ele lhes havia ensinado: "Quem é, pois, o servo fiel e prudente, a quem o senhor confiou os seus conservos para dar-lhes o sustento a seu tempo? Bem-aventurado aquele servo a quem seu senhor, quando vier, achar fazendo assim" (Mateus 24:45-46). O servo infiel que abusa de seu poder e privilégio precisa estar atento: "…virá o senhor daquele servo em dia em que não o espera e em hora que não sabe" (v.50). Ele será punido severamente.

- Caspian remove o governador desleal, desonesto e instala o Lorde Bern em seu lugar. Na parábola dos talentos, Jesus avisa que aqueles que são irresponsáveis e desleais perderão suas posições. O que eles têm lhes será tirado e entregue àqueles que são dignos e fiéis (Mateus 25:28-29).

- Caspian acaba com o tráfico de escravos nas Ilhas Solitárias. A Bíblia não proíbe a escravidão especificamente; era uma prática comum em quase todas as culturas. Alguns escravos eram prisioneiros de guerra, outros tinham se vendido ou tinham vendido familiares como escravos por um período de tempo, para que suas dívidas fossem pagas. As Escrituras proíbem o rapto e escravização do raptado (Êxodo 21:16; Deuteronômio 24:7). De acordo com a Lei, os escravos deviam ser tratados com dignidade e respeito. Deveriam ser feitas provisões para que eles pudessem merecer ou receber sua liberdade (Êxodo 21:2-11; Levítico 25:35-55; Deuteronômio 15:12-18). No Novo Testamento, o apóstolo Paulo disse que os escravos e os senhores eram iguais no reino de Deus, como irmãos em Cristo (Gálatas 3:28; Filemom 12–16; Efésios 6:5-9). Jesus veio para "proclamar libertação aos cativos" e para "pôr em liberdade os oprimidos" (Lucas 4:17-21). Em 1 Timóteo 1:9-10, os traficantes de escravos estão incluídos na lista de pessoas, impiedosas e imorais, junto aos mentirosos, assassinos e adúlteros.

## *Alguma semelhança?*
Em sua jornada ao país de Aslam, Caspian faz uma parada para limpar a casa, libertar as Ilhas Solitárias da imoralidade e corrupção e restaurar a ordem nas colônias. Em um gesto simbólico, a mesa do governador é virada e todos os seus documentos e cartas oficiais são jogados fora. A Bíblia menciona Alguém que virou mesas para limpar Sua casa da corrupção e do roubo. Quem foi essa pessoa?
(Dica: leia Marcos 25:12-13)

## *Textos sobre mordomia*
- Lucas 16:10
- Mateus 25:14-30
- 3 João 3-7

# 5. A tempestade

*O solitário busca o seu próprio interesse*
*insurge-se contra a verdadeira sabedoria.*
—Provérbios 18:1

## PARALELOS E PRINCÍPIOS BÍBLICOS
- Eustáquio está tão absorvido em si mesmo que não pensa em ninguém e em nada mais. Ele geme e reclama constantemente. Está completamente cego às suas próprias faltas,

reagindo amargamente a qualquer tentativa de conforto ou instrução. Provérbios 15:12 observa: "O escarnecedor não ama àquele que o repreende, nem se chegará para os sábios". Efésios 4:18 diz que tais pessoas são "…obscurecidos de entendimento, alheios à vida de Deus por causa da ignorância em que vivem, pela dureza do seu coração".

- Eustáquio não fizera nada para merecer a bondade de Lúcia, mas mesmo assim ela é bondosa. "Se o que te aborrece tiver fome, dá-lhe pão para comer; se tiver sede, dá-lhe água para beber" (Provérbios 25:21). 1 Pedro 3:9 diz: "…não pagando mal por mal ou injúria por injúria; antes, pelo contrário, bendizendo…". Paulo em Efésios 4:2 exorta aos cristãos que devem viver "…com toda a humildade e mansidão, com longanimidade, suportando-vos uns aos outros em amor". Em Mateus 5:7 Jesus observa: "Bem-aventurados os misericordiosos, porque alcançarão misericórdia".

## *Você sabia?*

O *Peregrino da Alvorada* mal sobreviveu a uma terrível tempestade que durou 12 dias. A Bíblia diz que um dos apóstolos naufragou depois de uma tempestade que devastou por 14 dias. Sabe quem foi este apóstolo?
(Dica: leia Atos 27:13-44)

## *Textos sobre Aquele que acalma a tempestade*
- Salmo 89:8-9; 107:28-30
- Mateus 8:23-27

# 6. As aventuras de Eustáquio

*O vosso ouro e a vossa prata foram gastos de ferrugens,
e a sua ferrugem há de ser por testemunho contra vós mesmos
e há de devorar, como fogo, as vossas carnes.
Tesouros acumulastes nos últimos dias.*
—Tiago 5:3

## PARALELOS E PRINCÍPIOS BÍBLICOS

- Ao ser transformado em dragão, Eustáquio se enxerga como ele realmente é. Finalmente seus olhos se abriram. O salmista disse: "Pois já se elevam acima de minha cabeça as minhas iniquidades; como fardos pesados, excedem as minhas forças [...] Sinto-me encurvado e sobremodo abatido; dou gemidos por efeito do desassossego do meu coração [...] Bate-me excitado o coração, faltam-me as forças, e a luz dos meus olhos, essa mesma já não está comigo. Os meus amigos e companheiros afastam-se da minha praga" (Salmo 38:4,6,8,10-11). Em Romanos 7:24 o apóstolo Paulo exclamou: "Desventurado homem que sou! Quem me livrará do corpo desta morte?".

- Caspian e os outros são avisados a ter cautela ao aproximarem-se do dragão, pois podem cair numa cilada. Provérbios 14:15 diz: "O simples dá crédito a toda palavra, mas o prudente atenta para os seus passos". Jesus disse aos Seus discípulos para serem "...prudentes como as serpentes e símplices como as pombas" (Mateus 10:16). 1 Pedro 5:8 adverte: "Sede sóbrios e vigilantes. O diabo, vosso adversário, anda em derredor [...] procurando alguém para devorar".

## Pense nisto!
Eustáquio "só lera livros que não servem para nada" e não reconheceu, de imediato, o dragão pelo que ele era. Cada cultura no mundo tem histórias e lendas sobre dragões. No livro de Apocalipse, o dragão é um símbolo de Satanás. Há muitas outras referências sobre dragões na Bíblia, mas algumas versões traduzem a mesma palavra por "serpente" ou "chacal", dependendo do contexto. Há também o "leviatã" [monstro marinho que expira fogo] (Jó 3:8;41; Salmo 74:14; 104:26; Isaías 27:1) e o poderoso "Beemote" [semelhante ao hipopótamo] (Jó 40:15-24) que andou pela Terra no passado. As culturas anteriores referiam-se às criaturas como dragões e monstros marinhos. Os cientistas creem que eles eram o que chamaríamos de dinossauros.

## Textos sobre ganância
- Eclesiastes 5:10
- Lucas 12:15
- 1 Timóteo 6:9-10

# 7. Como terminou a aventura

*Vinde, e tornemos para o SENHOR,*
*porque ele nos despedaçou e nos sarará; fez a ferida e a ligará.*
—OSEIAS 6:1

## PARALELOS E PRINCÍPIOS BÍBLICOS
- Apesar do antagonismo de Eustáquio por Ripchip, este sempre o tratara com cortesia e respeito. Nas horas que Eustáquio precisa, Ripchip é o seu amigo e companheiro mais fiel. Em Mateus 5:44 Jesus disse aos Seus discípulos:

"Eu, porém, vos digo: amai os vossos inimigos e orai pelos que vos perseguem". Provérbios 25:21 diz: "Se o que te aborrece tiver fome, dá-lhe pão para comer; se tiver sede, dá-lhe água para beber". Fazendo isso, podemos ganhar outros e resgatá-los do julgamento (1 Pedro 3:1; 1 Coríntios 9:19; Judas 23).

- O encontro de Eustáquio com Aslam ilustra muitas verdades fundamentais de nossa salvação ou experiência de conversão. Nós não buscamos Deus, mas Ele nos busca (Romanos 3:10-11; Lucas 19:10). Precisamos de um Salvador porque estamos desesperados, incapazes de nos salvarmos a nós mesmos (Romanos 5:6-8). Nenhum de nossos esforços fez qualquer diferença (Isaías 64:6; Efésios 2:8-9; Tito 3:5). Quando percebemos nossa condição — a profundidade de nosso pecado, nosso coração se compunge (Atos 2:37-38; Salmo 38:4). Deus removeu todas as camadas do pecado, podridão e maldade (Romanos 6:6; 1 João 1:9). Ele nos limpou (Tito 3:5; Efésios 5:25-27), batizou (1 Pedro 3:21; Colossenses 2;10,12) e revestiu-nos com Sua justiça (Isaías 61:10). Tornamo-nos novas criaturas (2 Coríntios 5:17). Nascemos de novo (João 3:3-6). Em Ezequiel 36:26 Deus diz: "Dar-vos-ei coração novo e porei dentro de vós espírito novo; tirarei de vós o coração de pedra e vos darei coração de carne".

- Edmundo responde a pergunta "Você o conhece?" dizendo: "Ele, pelo menos, me conhece". Nós conhecemos um pouco de Deus, mas Ele está muito além da nossa compreensão humana. Somente no Céu compreenderemos tudo o que Ele é. "Porque, agora, vemos como em espelho, obscuramente; então, veremos face a face. Agora, conheço em parte; então, conhecerei como também sou conhecido" (1 Coríntios 13:12). De acordo com o Salmo 139:1-16, Deus conhece o nosso interior, "Pois tu formaste o meu interior tu me teceste no seio de minha mãe" (v.13).

### *Você sabia?*
"Apesar de não haver lua", Eustáquio diz, "por onde o leão estava havia luar". A Bíblia nos diz que no Céu não haverá necessidade da luz do sol nem da luz da lua. Você sabe por quê?
(Dica: leia Apocalipse 21:23; 22:5)

### *Textos sobre tornar-se uma nova criatura em Cristo*
- 2 Coríntios 5:17
- Colossenses 2:6-7
- 2 Pedro 1:5-11

# 8. Dois sérios perigos

*O nosso Deus é o Deus libertador; com Deus,*
*o Senhor, está o escaparmos da morte.*
—Salmo 68:20

## PARALELOS E PRINCÍPIOS BÍBLICOS
- Caspian é tomado por um desejo por riquezas e poder que a água dourada pode lhe trazer. Ele impõe segredo a todos ao planejar clamar e adquirir sua nova riqueza. Provérbios 14:12 observa, "Há caminho que ao homem parece direito, mas ao cabo dá em caminhos de morte". 1 Timóteo 6:9 explica: "Ora, os que querem ficar ricos caem em tentação,

e cilada, e em muitas concupiscências insensatas e perniciosas, as quais afogam os homens na ruína e perdição". Jesus advertiu Seus discípulos: "Então, lhes recomendou: Tende cuidado e guardai-vos de toda e qualquer avareza; porque a vida de um homem não consiste na abundância dos bens que ele possui" (Lucas 12:15).

- Aslam aparece, repentinamente, num momento crucial. Sua presença afasta os maus pensamentos e traz cada um a si. "Mas a salvação dos justos vem do Senhor; ele é a sua fortaleza no tempo da angústia. E o Senhor os ajudará e os livrará; ele os livrará dos ímpios e os salvará, porquanto confiam nele" (Salmo 37:39-40). "Olharam para ele, e foram iluminados; e os seus rostos não ficaram confundidos" (Salmo 34:5).

## *Você sabia?*

A tripulação do *Peregrino da Alvorada* percebe que estão vendo "o que tanta gente anseia por ver: a grande Serpente do Mar". A Bíblia nos fala de uma criatura do mar com grandes olhos brilhantes, "dentes aterrorizantes" (Jó 41:14), um tipo de armadura escondida — impenetrável a espadas, lanças ou flechas. "Levantando-se ele, tremem os valentes; quando irrompe, ficam como que fora de si. As profundezas faz ferver, como uma panela […], Após si, deixa um sulco luminoso…" (Jó 41:25,31-32). Você sabe como essa criatura se chama? (Dica: leia Jó 41:1)

## *Textos sobre como escapar dos perigos e corrupção*
- 2 Timóteo 2:23-26
- 2 Pedro 1:2-3
- 1 Coríntios 10:12-13

# 9. A Ilha das Vozes

*...sinto-me perplexo em minha queixa*
*e ando perturbado por causa*
*do clamor do inimigo...*
—Salmo 55:2-3

## PARALELOS E PRINCÍPIOS BÍBLICOS

- Caspian e os outros corajosamente determinam-se a enfrentar seus inimigos invisíveis e lutar o melhor que pudessem. Mais tarde, Lúcia aceita com bravura a tarefa que as Vozes lhe deram. Efésios 6:10 urge os cristãos: "...sede fortalecidos no Senhor e na força do seu poder". Filipenses 1:27-28 diz: "Vivei, acima de tudo, por modo digno do evangelho de Cristo [...] estais firmes em um só espírito, como uma só alma, lutando juntos pela fé evangélica; e que em nada estais intimidados pelos adversários". Em Isaías 41:10 Deus promete: "...não temas, porque eu sou contigo; não te assombres, porque eu sou o teu Deus; eu te fortaleço, e te ajudo, e te sustento com a minha destra fiel".

- Lúcia questiona se ela deve levar em consideração o medo que as Vozes têm do mágico. Afinal, eles "não são lá muito valentes" e, como Eustáquio assinala, "nem muito inteligentes". Em Isaías 8:12-13 Deus diz que Seu povo não deve ser influenciado pelas superstições dos outros: "Não chameis conjuração a tudo quanto este povo chama conjuração; não temais o que ele teme, nem tomeis isso por temível. Ao Senhor dos Exércitos [...] seja ele o vosso temor, seja ele o vosso espanto".

### *Você sabia?*

Lúcia é chamada a fazer o que nenhuma das Vozes era corajosa o suficiente para fazer. A Bíblia nos fala de uma época em que os homens de Israel chamaram uma mulher para fazer o que eles estavam com medo de fazer — liderar o exército na batalha! Você se lembra do nome dessa mulher?
(Dica: leia Juízes 4:4-10)

### *Textos sobre o bom uso das palavras*
- Eclesiastes 9:17
- Provérbios 10:19; 17:27-28

# 10. O livro mágico

*Eu repreendo e disciplino a quantos amo...*
—Apocalipse 3:19

## PARALELOS E PRINCÍPIOS BÍBLICOS

- Lúcia sempre sente-se inferior a Susana. Ela é induzida a dizer palavras mágicas que a tornarão mais linda que sua irmã. Provérbios 31:30 diz: "Enganosa é a graça, e vã, a formosura, mas a mulher que teme ao Senhor, essa será louvada". A verdadeira beleza vem do interior. 1 Pedro 3:3-4 a descreve como "...um espírito manso e tranquilo, que é de grande valor diante de Deus".

- Lúcia se entristece profundamente com a traição de Margarida, mas Aslam repreende Lúcia por bisbilhotar. Ele lhe diz que a menina mais nova não teve a intenção de dizer o que disse. A Bíblia nos lembra que uma vez ou outra, todos nós já dissemos coisas que não queríamos. Não podemos julgar o coração de alguém (1 Samuel 16:7; Mateus 7:1). Eclesiastes 7:21-22 adverte: "…Não apliques o coração a todas as palavras que se dizem, para que não venhas a ouvir o teu servo a amaldiçoar-te, pois tu sabes que muitas vezes tu mesmo tens amaldiçoado a outros".

- O espírito de Lúcia foi reanimado pela "história mais maravilhosa" que ela já tinha lido; aquela que Aslam prometeu contar-lhe "muitos anos". A história mais maravilhosa que existe é a de João 3:16: "Porque Deus amou ao mundo de tal maneira que deu o seu Filho unigênito, para que todo o que nele crê não pereça, mas tenha a vida eterna". Também é a história de um cálice (Mateus 26:34, e de uma espada (Mateus 26:50-54; 10:34), de uma cruz (Mateus 27:32; Gálatas 3:13) e de um monte (Mateus 27:33).

- Aslam questiona Lúcia: "Acha que eu não obedeço às minhas próprias leis?". Em Mateus 5:17-18, Jesus disse aos Seus discípulos: "Não penseis que vim revogar a Lei ou os Profetas; não vim para revogar, vim para cumprir. Porque em verdade vos digo: até que o céu e a terra passem, nem um i ou um til jamais passará da Lei, até que tudo se cumpra". Em outras palavras, Ele obedece as Suas próprias leis.

### *Você sabia?*
Quando Lúcia vê Aslam, seu rosto se ilumina com a beleza da "Lúcia da gravura". De acordo com a Bíblia, o que torna o nosso rosto bonito?
(Dica: leia 2 Coríntios 3:18; 4:6)

### Textos sobre o Deus Invisível
- Romanos 1:20
- Colossenses 1:15-16
- 1 Timóteo 1:17

# 11. Os anõezinhos do mágico

*Do alto dos muros clama [...] Até quando, ó néscios, amareis a necedade? [...] Atentai para a minha repreensão; eis que derramarei copiosamente para vós outros o meu espírito e vos farei saber as minhas palavras.*
—Provérbios 1:20-23

## PARALELOS E PRINCÍPIOS BÍBLICOS
- Coriakin espera o dia em que os anões serão governados pela sabedoria e não por "esta magia rudimentar". As Escrituras nos dizem que, da mesma forma, Deus teve que nos dar a Lei para nos ensinar a discernir o certo do errado — e para nos demonstrar a pecaminosidade de nossos corações (Romanos 7:7). "De maneira que a lei nos serviu de aio para nos conduzir a Cristo…" (Gálatas 3:24). Deus anseia pelo tempo da nossa reconciliação com Ele através da morte de Jesus na cruz. Agora, Deus diz: "Esta é a aliança que farei com eles, depois daqueles dias, diz o Senhor: Porei no seu coração as minhas leis e sobre a sua mente as inscreverei" (Hebreus 10:16).

- Aslam diz: "Para mim todo o tempo é *breve*". 2 Pedro 3:8 nos diz que "…para o Senhor, um dia é como mil anos, e mil anos, como um dia".

- Os Anões pensam que Coriakin é um feitor exigente, mas na realidade tudo o que ele requer deles é para o seu próprio bem. As Escrituras dizem que todos os mandamentos de Deus são para o nosso benefício (Salmo 19:7-11; Deuteronômio 30:11,15-16). Ele nos disciplina para o nosso bem (Hebreus 12:10). Porém muitas pessoas rejeitam a Deus como um ditador sem coração. Na metade do tempo o veem com medo e suspeita, na outra metade, com desrespeito e deboche. Ao descrever tais pessoas, Jesus disse: "Por isso, lhes falo por parábolas; porque, vendo, não veem; e, ouvindo, não ouvem, nem entendem […] Porque o coração deste povo está endurecido, de mau grado ouviram com os ouvidos e fecharam os olhos; para não suceder que vejam com os olhos, ouçam com os ouvidos, entendam com o coração, se convertam e sejam por mim curados" (Mateus 13:13-15).

### *Pense nisto!*

Coriakin relembra Lúcia de que Aslam não é um "leão *domesticado*". Ele é imprevisível, não pode ser manipulado ou controlado. Romanos 11:34-35 pergunta: "Quem, pois, conheceu a mente do Senhor? Ou foi seu conselheiro? Ou quem primeiro deu a ele para que lhe venha a ser restituído?". Conforme a Bíblia, de que maneira os caminhos de Deus são diferentes dos nossos?
(Dicas: leia Isaías 55:8-9)

### *Textos sobre a sabedoria de Deus*

- Romanos 11:33-36
- 1 Coríntios 1:20-21,25-28
- Apocalipse 7:12

# 12. A Ilha Negra

*Uma palavra se me disse em segredo; e os meus ouvidos perceberam um sussurro dela. Entre pensamentos de visões noturnas, quando profundo sono cai sobre os homens sobrevieram-me o espanto e o tremor, e todos os meus ossos estremeceram.*
—Jó 4:12-14

## PARALELOS E PRINCÍPIOS BÍBLICOS

- Em sua agonia Lúcia clama a Aslam — e ele a responde. Salmo 145:18-19 diz: "Perto está o SENHOR de todos os que o invocam, de todos os que o invocam em verdade. Ele acode à vontade dos que o temem; atende-lhes o clamor e os salva". (Veja também Salmo 34:6;120:1; 1 João 5:14-15.) Em Salmo 55:22 está escrito: "Confia os teus cuidados ao SENHOR, e ele te susterá; jamais permitirá que o justo seja abalado".

- Lúcia retira forças das palavras de Aslam — e da segurança de sua presença. Em Isaías 43:1-2 Deus diz ao Seu povo, "Mas agora, assim diz o SENHOR, que te criou, ó Jacó, e que te formou, ó Israel: Não temas, porque eu te remi; chamei-te pelo teu nome, tu és meu. Quando passares pelas águas, eu serei contigo". O Salmo 46:1 nos fala: "Deus é nosso refúgio e fortaleza, socorro bem presente nas tribulações". Jesus disse aos Seus discípulos: "Certamente estarei convosco todos os dias até a consumação dos séculos" (Mateus 28:20).

- O albatroz (Aslam) resgata o Peregrino da Alvorada. Ele os traz do medo e da escuridão à luz. A Bíblia nos diz que Deus fará o mesmo por nós. O Salmo 91:5 promete: "Não te assustarás do terror noturno", "Tornarei as trevas em luz perante eles" (Isaías 42:16, veja também Salmos 18:28; 139:12). Jesus disse: "Eu sou a luz do mundo; quem me segue não andará nas trevas; pelo contrário, terá a luz da vida" (João 8:12). Colossenses 1:13 diz que Deus "…nos libertou do império das trevas e nos transportou para o reino do Filho do seu amor" — "…herança dos santos na luz" (v.12).

## *Você sabia?*

Aslam aparece na forma de um albatroz, cortando a escuridão com um raio de luz. Lúcia ouve o sussurro de sua voz: "Coragem, querida!". A Bíblia nos fala de um momento em que o céu se abriu, e o Espírito de Deus apareceu sob a forma de pomba e as pessoas ouviram Sua voz falando. Você se lembra quando isso aconteceu?

(Dica: leia Marcos 1:10-11)

## *Textos sobre confiança e paz*
- Salmo 56:3
- Isaías 26:3
- João 14:27

# 13. Os três dorminhocos

*…pois todos dormiam, porquanto, da parte do Senhor, lhes havia caído profundo sono.*
—1 Samuel 26:12

## PARALELOS E PRINCÍPIOS BÍBLICOS
- Em todas as suas aventuras, Ripchip está sempre desafiando os outros a serem ousados e valentes e a fazer o que sabem ser

certo. Vez após vez, eles aceitam o desafio, inspirados por seu exemplo. Provérbios 27:17 observa: "Como o ferro com o ferro se afia, assim, o homem ao seu amigo". Hebreus 10:24 diz: "Consideremo-nos também uns aos outros, para nos estimularmos ao amor e às boas obras".

- O encantamento foi desencadeado por uma violenta discussão entre os três Lordes. Provérbios 22:24-25 exorta: "Não te associes com o iracundo, nem andes com o homem colérico, para que não aprendas as suas veredas, e assim, enlaces a tua alma". Provérbios 20:3 nos diz: "Honroso é para o homem o desviar-se de contendas, mas todo insensato se mete em rixas".

- A menina diz: "Realmente não podem [saber]. Têm de acreditar ou não". Como cristãos, somos chamados a viver pela fé (2 Coríntios 5:7; Gálatas 2:20). Em Seu ministério terreno, Jesus frequentemente repreendia Seus discípulos pela falta de fé (Mateus 8:26; 14:31; Lucas 9:41). Ele curou inúmeras pessoas em resposta à fé que tinham (Mateus 8:1-3,13; 9:2,22; 15:28). Primeiramente Ele lhes perguntava se criam (Veja Mateus 9:28). Um homem respondeu: "Eu creio, Senhor! Ajuda a minha incredulidade" (Marcos 9:24).

- Caspian "obedeceu" a exigência de Ripchip. Reis e Rainhas de Nárnia não devem ser ditadores tiranos exigentes e impiedosos. Eles foram chamados para proteger e servir seus súditos livres (veja a Parte 11, p.38 de *O Sobrinho do Mago*). Jesus ensinou Seus discípulos que qualquer que desejasse ser grande no Reino de Deus, deveria servir aos outros (Mateus 20:25-28; João 13:3-7). Gálatas 5:13 diz: "Porque vós, irmãos, fostes chamados à liberdade. Não useis então da liberdade para dar ocasião à carne, mas servi-vos uns aos outros pelo amor". Paulo em Efésios 5:21 diz aos cristãos: "...sujeitando-vos uns aos outros no temor de Cristo".

### *Pense nisto!*
A Faca de Pedra é um instrumento de tortura e morte. Com ela a Feiticeira Branca matou Aslam. Desde a sua ressurreição, ela se tornou um símbolo valioso — não somente de seu sacrifício, mas de sua vitória e triunfo. Para os cristãos, há um instrumento de morte e tortura que agora é um símbolo de sacrifício e triunfo. Penduramos este símbolo em nossas igrejas e o colocamos ao redor do nosso pescoço. Que símbolo é este? (Dica: leia Colossenses 2:13-15).

### *Textos sobre dormir tranquilo*
- Salmos 4:8; 127:1-2
- Provérbios 3:21-24

# 14. O princípio do Fim do Mundo

*Quem é esta que aparece como a alva do dia, formosa como a lua, pura como o sol, formidável como um exército com bandeiras?*
—Cântico dos Cânticos 6:10

## PARALELOS E PRINCÍPIOS BÍBLICOS
- Ramandu e sua filha levantam seus braços num tipo de adoração, cantando — ou chamando — o nascer do sol. O Salmo 148:1-3 convida: "Aleluia! Louvai ao Senhor do alto dos céus, louvai-o nas alturas. Louvai-o, todos os seus

anjos; louvai-o, todas as suas legiões celestes. Louvai-o, sol e lua; louvai-o, todas as estrelas luzentes". (Veja também Jó 38:7.) Em Salmo 57:7-9 está escrito: "...o meu coração está firme; cantarei e entoarei louvores [...] Quero acordar a alva. Render-te-ei graças entre os povos; cantar-te-ei louvores entre as nações".

- Um pássaro voou "na direção do velho, transportando alguma coisa no bico, um fruto ou um carvão aceso, demasiado brilhante". Apesar de o propósito ser diferente, a descrição da cena é semelhante ao de Isaías 6:6-7: "Então, um dos serafins voou para mim, trazendo na mão uma brasa viva [...] com a brasa tocou a minha boca...". Em 1 Reis 17:2-6 Deus ordenou aos corvos que alimentassem o profeta Elias: "Os corvos lhe traziam pela manhã pão e carne, como também pão e carne ao anoitecer..." (v.6).

- Ramandu é rejuvenescido pelas frutas brilhantes. Ele rejuvenesce ao invés de envelhecer. 2 Coríntios 4:16 descreve um processo semelhante que acontece no espírito do cristão: "...mesmo que o nosso homem exterior se corrompa, contudo, o nosso homem interior se renova de dia em dia".

- Caspian choca a tripulação dizendo que não está pedindo voluntários: Ele está fazendo um convite e escolhendo entre aqueles que respondem. Na parábola das bodas, Jesus explicou que todos são convidados para o Céu, mas somente aqueles que colocam sua fé nele, serão acolhidos. "Porque muitos são chamados, mas poucos, escolhidos" (Mateus 22:14). Alguns, como Manteiga Rançosa ou o convidado sem as vestes de núpcias, perderão sua oportunidade.

### Você sabia?
Em Nárnia, uma estrela que caiu na terra é uma "estrela em repouso" (como Ramandu) ou uma estrela em disciplina (como Coriakin). A Bíblia nos fala sobre uma "estrela" que caiu do Céu, trazendo um terço de outras "estrelas" consigo. (Diferente de Coriakin, estas estrelas não podem se arrepender ou serem reabilitadas). Você sabe quem realmente são?
(Dica: leia Isaías 14:12-15; Lucas 10:18; Apocalipse 9:1; 12:3-4,9)

### Textos sobre responder ao chamado
- João 7:37-38
- Apocalipse 3:20
- Mateus 16:24-27

# 15. As maravilhas do Mar Derradeiro

*Doce é a luz, e agradável aos olhos, ver o sol.*
—Eclesiastes 11:7

## PARALELOS E PRINCÍPIOS BÍBLICOS

- Apesar de quase se afogar, Ripchip não pode conter sua animação. A profecia que ele recebeu em sua infância está para se concretizar: Eles estão se aproximando do país de Aslam. Provérbios 13:19 diz: "O desejo que se cumpre agrada a alma...".

- O anseio de Ripchip pelo país de Aslam é como o desejo dos cristãos de ver o Céu e experimentar a presença de Deus.

Hebreus 11:13-16 nos diz que os heróis da nossa fé, homens e mulheres da antiguidade, consideravam-se estrangeiros nesta Terra. "Mas, agora, aspiram a uma pátria superior, isto é, celestial. Por isso, Deus não se envergonha deles, de ser chamado o seu Deus, porquanto lhes preparou uma cidade" (v.16).

## *Você Sabia?*

Nárnia é um mundo plano; por isso Caspian choca-se ao descobrir que os "contos de fadas" são verdadeiros. Mundos redondos (como o nosso) existem! Por milhares de anos os cientistas pensavam que o nosso mundo era plano. Somente há 500 anos Colombo e outros exploradores provaram que se podia navegar ao redor dele. Porém muito antes de Colombo ou Galileu, antes mesmo dos telescópios, foguetes e sondas espaciais, o salmista escreveu sobre o movimento giratório no céu (Salmo 19:6). E o profeta Isaías nos disse que Deus "…está assentado sobre a redondeza da terra" (Isaías 40:22).

## *Textos sobre a luz da justiça*

- Salmo 97:11-12
- 1 Pedro 2:9
- 2 Coríntios 4:6

# 16. O Fim do Mundo

*Eu sou a rosa de Sarom, o lírio dos vales.*
—Cântico dos Cânticos 2:1

## PARALELOS E PRINCÍPIOS BÍBLICOS

- Na luz brilhante à beira do país de Aslam, as crianças veem uma onda alta que parece uma parede com um "deslumbrante arco-íris". Além dela estão florestas exuberantes, cascatas e montanhas. Onde o céu encontra a terra, parece como o vidro. Compare esta descrição com a da Nova Jerusalém — a Cidade Celeste de Deus — em Apocalipse 21–22. A cidade é vista de uma "grande e elevada montanha" com o brilho da glória de Deus (Apocalipse 21:10-11). Muralhas altas rodeiam a cidade, "decorada com todo tipo de pedra preciosa" — um arco-íris de joias como jaspe, safira, esmeralda, topázio e ametista (21:18-21). "O rio da água da vida, brilhante como cristal, que sai do trono de Deus" (22:1-2). Há saborosas árvores frutíferas (22:2). As paredes, a cidade, e até as ruas parecem límpidas como o vidro (21:18,21).

- Ripchip tenta ficar triste por estar dizendo adeus, mas ele está muito contente! A Bíblia nos diz que, "Nem olhos viram, nem ouvidos ouviram, nem jamais penetrou em coração humano o que Deus tem preparado para aqueles que o amam" (1 Coríntios 2:9).

- O Cordeiro recebe as crianças e as convida para comer: "Vinde, comei!". Depois de Sua ressurreição, Jesus apareceu aos Seus discípulos à beira do mar da Galileia. "E, sendo já manhã, Jesus se apresentou na praia, mas os discípulos não conheceram que era Jesus [...] Disse-lhes Jesus: Vinde, comei" (João 21:4,12). De repente, os discípulos o reconheceram; Ele lhes serviu pão e peixe. Depois de comerem, Jesus compartilhou com eles palavras de ensino e encorajamento.

- O Cordeiro se torna um Leão, e as crianças compreendem que é o próprio Aslam. A Bíblia nos diz que Jesus é o Leão da tribo de Judá (Apocalipse 5:5). Ele é também "o Cordeiro de Deus que tira o pecado do mundo" (João 1:29; veja também Isaías 53:7; 1 Pedro 1:19; Apocalipse 5:6-14; 7:10,17; 19:7).

- Aslam diz que o caminho para o seu país, saindo do nosso mundo, fica além do rio: "Mas nada temam, pois sou eu o grande Construtor da Ponte". Em hinos, poesias e histórias, os cristãos frequentemente referem-se à morte, "como a travessia de um rio", porque na época do Antigo Testamento os israelitas tiveram que atravessar o rio Jordão para chegar à Terra Prometida (Josué 1:2). Todos nós morreremos um dia, e a morte é a maneira de atravessar deste nosso mundo ao próximo — o Céu. As Escrituras afirmam que estamos separados de Deus pelos nossos pecados (Isaías 59:2; Romanos 3:23). Eles se colocam entre nós e Deus como um grande golfo ou abismo (Lucas 16:26). Mas ao morrer em nosso lugar e pagar por nossos pecados, Jesus possibilitou a nossa reconciliação com Deus (2 Coríntios 5:17-19). Jesus deu Sua vida por nós (1 João 3:16), tornando-se — como C. S. Lewis disse — nosso "Construtor da Ponte".

- Lúcia e Edmundo devem aprender a conhecer Aslam por seu outro nome em nosso mundo. Anos atrás, após ler esta passagem em *O Peregrino da Alvorada,* uma garota chamada Hila escreveu para C. S. Lewis, pedindo que lhe dissesse o outro nome de Aslam. Lewis respondeu: "Quero que você adivinhe. Houve alguém neste mundo que: chegou ao mesmo tempo em que o Papai Noel, 1) disse que ele era o filho do Grande Rei, 2) entregou-se pelas culpas dos outros para ser massacrado e morto por pessoas más, 3) ressuscitou, 4) às vezes é chamado de o cordeiro. Você realmente não sabe Seu nome neste mundo? Pense novamente e conte-me a sua resposta". O outro nome de Aslam "é o nome acima de todo o nome" — Jesus (Filipenses 2:9-11).

## *Você sabia?*

Como Lúcia, o Rei Caspian tem um coração sensível às coisas espirituais, ele deseja uma experiência mais profunda. Embora não seja errado Caspian querer ir ao país de Aslam, ele não pode. A Bíblia nos diz que o rei Davi tinha um coração sensível às coisas espirituais. Ele queria fazer alguma coisa muito especial para Deus, e embora o desejo em si não fosse errado, Deus disse "Não". Você se lembra o que o rei Davi queria fazer? (Dica: leia 1 Reis 8:17-19)

## *Textos sobre um coração sensível a Deus*

- Marcos 12:30
- Salmos 84:1-2; 86:11

# A Cadeira
## DE PRATA

*Introdução*
# A Cadeira de Prata

> A lição de tudo... é que essas feiticeiras do Norte sempre miram o mesmo objetivo: em cada época da História, mudam apenas a tática.
> —A Cadeira de Prata

No começo de *A Cadeira de Prata* (Ed. Martins Fontes, 2010), Eustáquio e sua colega, Jill estão tentando fugir dos valentões da escola. Fugindo por uma porta, eles se acham subitamente no país de Aslam. Ele os incumbe de uma importante missão: as crianças devem encontrar e resgatar o Príncipe Rilian, o filho do Rei Caspian X, que desapareceu de Nárnia há mais de 10 anos. Ele foi visto pela última vez na companhia de uma adorável mulher que os velhos narnianos temem que seja uma feiticeira. As crianças serão orientadas por uma obstinada coruja do brejo chamada Plumalume. Sua missão os levará através de Nárnia até as terras agrestes do Norte e sob as antigas ruínas de uma grande cidade. Lá descobrirão que o rapto do Príncipe é parte de uma elaborada conspiração imaginada pela feiticeira com um objetivo em mente: conquistar e escravizar o povo de Nárnia mais uma vez.

*A Cadeira de Prata* explora muitos temas espirituais que são especialmente relevantes aos cristãos da atualidade — não menos relevante é a importância de permanecer alerta, cientes dos estratagemas do inimigo, "...o próprio Satanás se transforma em anjo de luz [...] os seus próprios ministros se transformem em ministros da justiça" (2 Coríntios 11:14-15). O Príncipe Rilian foi enganado pela beleza da feiticeira. As crianças a consideram uma amiga, somente Plumalume permanece desconfiado.

Quando as crianças ouvem as mentiras da feiticeira e permitem-se distrair de cumprir as ordens de Aslam, correm um grande perigo. Aslam tinha lhes dado quatro sinais que deveriam observar. Ele advertiu Jill: "Antes de tudo, lembre-se dos sinais!", e a instruiu a repeti-los para si mesma noite e dia. "Estas palavras que, hoje, te ordeno estarão no teu coração; tu as inculcarás a teus filhos, e delas falarás assentado em tua casa, e andando pelo caminho, e ao deitar-te, e ao levantar-te. Também as atarás como sinal na tua mão, e te serão por frontal entre os olhos. E as escreverás nos umbrais de tua casa e nas tuas portas" (Deuteronômio 6:6-9).

Ao negligenciar os sinais, as crianças se tornam vulneráveis ao engano da feiticeira. Quando eles conseguem escapar da armadilha que ela lhes preparou, a feiticeira tenta uma abordagem mais sutil. Ela questiona a fé que eles têm em Aslam, confunde seus pensamentos e ridiculariza suas tentativas em explicar sua crença. Apesar de suas palavras mágicas, Plumalume permanece firme e resoluto. Ele pode não ser capaz de ganhar uma discussão com alguém tão hábil em torcer a verdade, mas ele sabe em que crê e nisso se firmará. "…porque sei em quem tenho crido e estou certo de que ele é poderoso para guardar o meu depósito até aquele Dia" (2 Timóteo 1:12). A fé inabalável de Plumalume salva o dia. "Porque as armas da nossa milícia não são carnais, e sim poderosas em Deus, para destruir fortalezas, anulando nós sofismas e toda altivez que se levante contra o conhecimento de Deus, e levando cativo todo pensamento à obediência de Cristo" (2 Coríntios 10:4-5).

As crianças descobrem que apesar de suas próprias insuficiências — seus erros e falhas na caminhada — os objetivos de Aslam prevalecem. Com a ajuda de Aslam, voltam ao bom caminho, encontram o Príncipe e o libertam de seu cativeiro na Cadeira de Prata da feiticeira. "Porque Deus é quem efetua em vós tanto o querer como o realizar, segundo a sua boa vontade" (Filipenses 2:13). Sua graça é suficiente para nós — Seu poder se aperfeiçoa em nossa fraqueza (2 Coríntios 12:9).

A história das aventuras de Jill e Eustáquio também inclui ilustrações poderosas das seguintes verdades: "Afirmou-lhe Jesus: Quem beber desta água tornará a ter sede; aquele, porém, que beber da água que eu lhe der nunca mais terá sede; pelo contrário, a água que eu lhe der será nele uma fonte a jorrar para a vida eterna" (João 4:13-14), "...e o sangue de Jesus nos purifica de todo o pecado" (1 João 1:7). "Porque a nossa leve e momentânea tribulação produz para nós eterno peso de glória, acima de toda comparação" (2 Coríntios 4:17).

Estas lições são apenas alguns dos tesouros espirituais que você descobrirá na jornada com Jill e Eustáquio para resgatar o Príncipe Rilian de *A Cadeira de Prata*.

# 1. Atrás do ginásio

*Envia a tua luz e a tua verdade, para que me guiem*
*e me levem ao teu santo monte e aos teus tabernáculos.*
—Salmo 43:3

## PARALELOS E PRINCÍPIOS BÍBLICOS

- Eustáquio acha que Aslam não gostaria se eles tentassem contatá-lo recitando sortilégios e feitiços. E de qualquer jeito, o desejo deles não é ordem de Aslam. Eles não podem forçá-lo a reagir — só podem pedir. Em

Deuteronômio 18:10-12 Deus proíbe, especificamente, todo e qualquer tipo de ocultismo, incluindo lançar feitiços, "Pois todo aquele que faz tal coisa é abominação ao Senhor…" (v.12). Atos 17:24-25 nos relembra que "…O Deus que fez o mundo e tudo o que nele existe, sendo ele Senhor do céu e da terra […] pois ele mesmo é quem a todos dá vida, respiração e tudo mais…". Ele não nos responde — nós lhe respondemos!

- Eustáquio começa a clamar pela ajuda de Aslam. Ele está orando da melhor forma que consegue. Salmo 145:18-19 diz: "Perto está o Senhor de todos os que o invocam, de todos os que o invocam em verdade. Ele acode à vontade dos que o temem; atende-lhes o clamor e os salva".

## *Você sabia?*
Jill notou a mudança em Eustáquio. Desde sua aventura em Nárnia (em *A Viagem do Peregrino da Alvorada*), ele se tornou uma pessoa completamente diferente. Em vez de apoiar os valentões da escola, ele os enfrenta. A Bíblia nos fala de alguém que teve uma experiência que o transformou completamente. Depois de matar os cristãos, ele tornou-se um deles. Você se lembra do nome dele?
(Dica: leia Atos 9:1-9)

## *Textos sobre vida transformada*
- 2 Coríntios 5:17
- Efésios 4:22-24
- Romanos 12:1-2

## 2. A missão de Jill

*...Aquele que tem sede venha,*
*e quem quiser receba de graça a água da vida.*
—APOCALIPSE 22:17

### PARALELOS E PRINCÍPIOS BÍBLICOS

- Jill diz que está morrendo de sede. "Como suspira a corça pelas correntes das águas, assim, por ti, ó Deus, suspira a minha alma. A minha alma tem sede de Deus, do Deus vivo [...] As minhas lágrimas têm sido o meu alimento dia e noite... (Salmo 42:1-3). O salmista declarou: "Ó Deus, tu és o meu Deus forte; eu te busco ansiosamente; a minha alma tem sede de ti; meu corpo te almeja, como terra árida, exausta, sem água" (Salmo 63:1).

- Aslam convida Jill para beber do riacho. Jesus disse: "...Se alguém tem sede, venha a mim e beba. Quem crer em mim, como diz a Escritura, do seu interior fluirão rios de água viva" (João 7:37-38; veja também João 4:4-14).

- Jill está com medo de Aslam; ela preferiria encontrar outro riacho, mas Aslam diz que não há outro. A Bíblia nos diz que Jesus é a única fonte da água da vida — "a água [...] a jorrar para a vida eterna" (João 4:13-14). Ele disse: "Eu sou o caminho, e a verdade e a vida. Ninguém vem ao Pai senão por mim" (João 14:6).

- Jill não consegue olhar para Aslam. Seu olhar a incomoda, ela se sente culpada e envergonhada. O evangelho de Lucas nos diz que quando Pedro negou Jesus pela terceira vez, um galo cantou. "Então, voltando-se o Senhor, fixou os olhos em Pedro [...] Então, Pedro, saindo dali, chorou amargamente" (Lucas 22:61-62).

- Jill sabe que aquilo que fez foi errado. Aslam a elogia por ser honesta e direta. Quanto ao seu erro, ele diz: "Não faça mais isso". Estas palavras são quase idênticas àquelas que Jesus disse à mulher surpreendida em adultério em João 8:11, Ele disse que não a condenava: "Vá e não peques mais".

- Aslam diz para Jill falar o que estava pensando; ele já sabia. Hebreus 4:13 nos relembra: "E não há criatura que não seja manifesta na sua presença; pelo contrário, todas as coisas estão descobertas e patentes aos olhos daquele a quem temos de prestar contas".

- O Leão explica: "Não teriam chamado por mim se eu não houvesse chamado por vocês". Jesus disse aos Seus discípulos, "Não fostes vós que me escolhestes a mim; pelo contrário, eu vos escolhi a vós outros..." (João 15:16). As Escrituras deixam claro que é Deus quem toma a iniciativa — Ele é quem nos chama e alcança (Romanos 3:11; 5:8; Isaías 1:18; 45:22; Apocalipse 3:20). Ele também é Aquele que nos capacita para responder ao Seu chamado. "Porque Deus é quem efetua em vós tanto o querer como o realizar, segundo a sua boa vontade" (Filipenses 2:13).

- Aslam diz a Jill, que ela deve "lembrar-se de tudo". Ele a instrui a repetir os sinais para si mesma dia e noite. Em Deuteronômio 6:6-9 Deus diz: "Estas palavras que, hoje, te ordeno estarão no teu coração; tu as inculcarás a teus filhos, e delas falarás assentado em tua casa, e andando pelo caminho, e ao deitar-te, e ao levantar-te. Também as atarás como sinal na tua mão, e te serão por frontal entre os olhos. E as escreverás nos umbrais de tua casa e nas tuas portas".

## *Pense nisto!*

Aslam adverte Jill de que os sinais não parecerão da forma como ela espera que pareçam. Por essa razão "é importantíssimo conhecê-los de cor e desconfiar das aparências". O Antigo Testamento contém centenas de sinais e profecias sobre a vinda do Messias. Quando Jesus veio, Ele cumpriu-as todas, mas de alguma maneira, as pessoas não perceberam os sinais, porque não eram como esperavam que fossem. "O Verbo estava no mundo, o mundo foi feito por intermédio dele, mas o mundo não o conheceu. Veio para o que era seu, e os seus não o receberam" (João 1:10-11). Como cristãos, devemos pensar sobre isto, especialmente ao estudarmos os "sinais" na expectativa de Sua Segunda Vinda.

## *Textos sobre lembrar-se dos mandamentos de Deus*

- Salmo 119:9-13,97-102
- Provérbios 4:4-5

# 3. A viagem do rei

*O amor é paciente, é benigno; o amor não arde em ciúmes, não se ufana, não se ensoberbece, não se conduz inconvenientemente, não procura os seus interesses, não se exaspera, não se ressente do mal.*
—1 Coríntios 13:4-5

## PARALELOS E PRINCÍPIOS BÍBLICOS

- Eustáquio e Jill não conseguem parar de brigar e culpar um ao outro pela confusão na qual se meteram. Provérbios 17:14 observa: "Como o abrir-se da represa, assim é o começo da contenda; desiste, pois, antes que haja rixas." Em Efésios 4:26-27,31-32 está escrito: "Irai-vos e não pequeis; não se ponha o sol sobre a vossa ira, nem deis lugar ao diabo […] Longe de vós, toda amargura, e cólera, e ira […] Antes, sede uns para com os outros benignos, compassivos, perdoando-vos uns aos outros, como também Deus, em Cristo, vos perdoou".

- O exibicionismo de Jill na montanha e o rancor de Eustáquio deixaram passar o primeiro sinal. As Escrituras nos advertem que o pecado pode causar consequências terríveis (Tiago 1:14-15; Deuteronômio 30:15-18). Por esse motivo é tão importante obedecer a Palavra de Deus. "Não cesses de falar deste Livro da Lei; antes, medita nele dia e noite, para que tenhas cuidado de fazer segundo tudo quanto nele está escrito; então, farás prosperar o teu caminho e serás bem-sucedido" (Josué 1:8).

### *Você sabia?*

Quando Trumpkin finalmente percebe que Aslam enviou os estrangeiros, ele os acolhe com alegria. A Bíblia diz que devemos

praticar a hospitalidade e acolher os estrangeiros entre nós. Sabe por quê?
(Dica: leia Hebreus 13:2)

### Textos sobre perdoar uns aos outros
- Mateus 6:14-15; 18:21-22
- Colossenses 3:13

# 4. Uma reunião de corujas

*Ouve, Senhor, a minha súplica, e cheguem a ti os meus clamores.*
*Não me ocultes o rosto no dia da minha angústia [...]*
*Sou [...] como a coruja das ruínas.*
*Não durmo e sou como o passarinho solitário nos telhados.*
—Salmo 102:1-2,6-7

### Paralelos e Princípios Bíblicos
- Na ausência do Rei, Trumpkin permanecerá firme nas leis — mesmo quando houver uma boa razão para fazer uma exceção. As leis de Caspian nunca tiveram a intenção de impedir as crianças de obedecer Aslam! Jesus salientou que algumas pessoas são peritas em seguir a Lei ao pé da letra, mas violam ou perdem o espírito da lei, completamente. "É bom ser sempre zeloso pelo bem".

- Os narnianos creem que a serpente e a Dama do Vestido Verde são a mesma pessoa, e que ela é da mesma espécie da Feiticeira Branca. Os anos vêm e vão, nomes, rostos mudam, mas o inimigo é o mesmo e tem o mesmo propósito. A Bíblia nos diz que Satanás "...foi homicida desde o princípio…" (João 8:44). Ele foi banido do Céu antes que tudo existisse. "E foi expulso o grande dragão, a antiga serpente, que se chama diabo e Satanás, o sedutor de todo o mundo, sim, foi atirado para a terra, e, com ele, os seus anjos" (Apocalipse 12:9). Quando ele não conseguiu impedir a expiação de Cristo pela humanidade, foi guerrear contra todos "…os que guardam os mandamentos de Deus e têm o testemunho de Jesus" (Apocalipse 12:17). Ele "se transforma em anjo de luz" (2 Coríntios 11:14), mas seu propósito é sempre mau. Ele vem para roubar, "matar e destruir" (João 10:10).

## *Você sabia?*
Embora suas intenções fossem boas, Drinian descobriu que era um erro terrível, manter o segredo do Príncipe. A Bíblia diz que alguns segredos devem ser mantidos (Provérbios 11:13; Mateus 18:15). Mas quando devemos revelar?
(Dica: leia Provérbios 24:11-12; 27:5 e Gálatas 6:1)

## *Textos sobre buscar a face de Deus em tempos de dificuldades*
- 1 Crônicas 16:11
- 2 Crônicas 7:14
- Salmo 27:7-8

# 5. Brejeiro

*Sede fortes, e revigore-se o vosso coração,*
*vós todos que esperais no SENHOR.*
—SALMO 31:24

## PARALELOS E PRINCÍPIOS BÍBLICOS

- Brejeiro sempre espera pelo pior. A sua perspectiva faz a crianças ficarem muito desanimadas, porém Brejeiro não desanima. Os perigos e desastres que ele antevê são bem reais; alguns deles, de fato, acontecerão. Brejeiro os aguarda e está preparado para enfrentá-los. Jesus advertiu Seus discípulos sobre o custo de segui-lo (Lucas 14:25-33). Eles precisavam estar preparados. "...todo aquele que dentre vós não renuncia a tudo quanto tem não pode ser meu discípulo" (v.33; veja também João 15:18-21; Mateus 10:16-22).

- Embora amedrontado pelas lúgubres previsões de Brejeiro, Eustáquio recusa-se a crer que a busca deles é impossível — ou Aslam nunca os teria enviado. Josué 1:9 exorta: "...Sê forte e corajoso; não temas, nem te espantes, porque o Senhor, teu Deus, é contigo por onde quer que andares". O salmista disse: "Quanto a mim, esperarei sempre..." (Salmo 71:14). O apóstolo Paulo explicou, "... porquanto temos posto a nossa esperança no Deus vivo, Salvador de todos os homens, especialmente dos fiéis" (1 Timóteo 4:10). "O qual nos livrou e livrará de tão grande morte; em quem temos esperado que ainda continuará a livrar-nos" (2 Coríntios 1:10).

### Será que está certo?
Os amigos de Brejeiro dizem que ele não leva a vida a sério o suficiente. Mas será que ele realmente precisa ser mais mal-humorado? Como a Bíblia diz que nosso aspecto deve ser? (DICA: LEIA FILIPENSES 4:9)

### Textos sobre desavenças
- Provérbios 20:3
- Filipenses 2:14
- 2 Timóteo 2:23-24

# 6. As terras agrestes do Norte

*Desejamos, porém, cada um de vós mostrando,*
*até ao fim, a mesma diligência para a plena certeza da esperança;*
*para que não vos torneis indolentes...*
—HEBREUS 6:11-12

## PARALELOS E PRINCÍPIOS BÍBLICOS
- Seja lidando com gigantes, belas damas ou misteriosos cavaleiros, Brejeiro se mantém alerta e desconfiado — sempre em guarda. Provérbios 14:15 diz: "O simples dá crédito a toda palavra, mas o prudente atenta para os seus passos". Em Provérbios 12:26 está escrito: "O justo serve de guia para o seu companheiro...". E Efésios 5:15-16 adverte aos cristãos: "Portanto, vede prudentemente como andais, não como néscios, e sim como sábios [...] porque os dias são maus".

- Brejeiro interrompe Jill e a impede de revelar sua missão. "O homem prudente oculta o conhecimento…" (Provérbios 12:23). Provérbios 10:19 acrescenta: "…o que modera os lábios é prudente"; e ainda observa: "O que guarda a boca e a língua guarda a sua alma das angústias" (Provérbios 21:23). Por isso o salmista orou: "Põe guarda, Senhor, à minha boca; vigia a porta dos meus lábios" (Salmo 141:3).

- Jill desistiu da tarefa de repetir os sinais. Ela corre o risco de esquecê-los por completo. As Escrituras urgem-nos a lembrar dos mandamentos de Deus sempre. Salmo 119:16,93,109 diz: "Terei prazer nos teus decretos; não me esquecerei da tua palavra […] Nunca me esquecerei dos teus preceitos, visto que por eles me tens dado vida […] todavia, não me esqueço da tua lei".

### *Você sabia?*
Eustáquio e Jill acham a Dama do Vestido Verde bonita, mas Brejeiro está cauteloso. Como a Bíblia diz que Satanás e seus servos se disfarçam?
(Dica: leia 2 Coríntios 11:14-15)

### *Textos sobre ficar alerta*
- 1 Pedro 5:8
- 1 Coríntios 16:13
- Efésios 6:10-13

# 7. A colina dos fossos estranhos

*...Considerai o vosso passado.*
—Ageu 1:5

## PARALELOS E PRINCÍPIOS BÍBLICOS

- Ao toparem com os fossos, Brejeiro percebe algo. Ele quer parar e olhar em volta para ver onde estão; e pede a Jill para repetir os sinais, mas Jill e Eustáquio se recusam. Eles só pensam em chegar em Harfang e em seus banhos quentes e camas aconchegantes. As Escrituras advertem os cristãos que o inimigo busca distrair-nos da verdade. Hebreus 2:1 afirma: "Por esta razão, importa que nos apeguemos, com mais firmeza, às verdades ouvidas, para que delas jamais nos desviemos".

- Quando Brejeiro terminou sua bebida, ele ficou desorientado e sua fala ficou indiscernível. Provérbios 23:20,33 adverte que o álcool pode ter um efeito poderoso sobre a pessoa: "Não estejas entre os bebedores de vinho [...] Os teus olhos verão coisas esquisitas, e o teu coração falará perversidades".

### *Você sabia?*

Eustáquio e Jill estão cansados e aborrecidos. Eles quase desistiram de sua missão. Seu enfoque é ter um pouco de alívio para seus problemas temporários. No que a Bíblia diz que devemos fixar os nossos olhos?
(Dica: leia 2 Coríntios 4:16-18)

***Textos sobre no que prestar atenção***
- Provérbios 4:20-22
- Isaías 48:17-18
- Provérbios 16:20

# 8. A casa de Harfang

*Por que estás abatida, ó minha alma, e por que te perturbas
dentro de mim? Espera em Deus, pois ainda o louvarei,
o qual é a salvação da minha face, e o meu Deus.*
—Salmo 42:11

## PARALELOS E PRINCÍPIOS BÍBLICOS

- Jill não gosta do jeito que os gigantes lambem os seus lábios, sorriem uns para os outros e gargalham. Em Provérbios 6:12-14 está escrito: "O homem mau, o homem iníquo tem a boca pervertida. Acena com os olhos, fala com os pés e faz sinais com os dedos. […], todo o tempo maquina mal; anda semeando contendas".

- Jill e Eustáquio percebem que cometeram um grande erro, ao não prestarem atenção às antigas ruínas. Eles perderam três dos quatro sinais. "Assim diz o Senhor, o teu Redentor, o Santo de Israel: Eu sou o Senhor teu Deus, que te ensina o que é útil, e te guia pelo caminho em que deves andar. Ah! Se tivesses dado ouvidos aos meus mandamentos…" (Isaías 48:17-18).

- Brejeiro diz que as instruções de Aslam sempre dão certo. Salmo 19:7-11 nos diz que os mandamentos de Deus são perfeitos, confiáveis e certos. Em Isaías 55:11 Deus diz: "Assim será a minha palavra [...] ela não voltará para mim vazia, antes fará o que me apraz, e prosperará naquilo para que a enviei" (Veja também Salmo 119:2; Timóteo 3:16-17). Deus promete ao Seu povo, "E guiarei os cegos pelo caminho que nunca conheceram, fá-los-ei caminhar pelas veredas que não conheceram; tornarei as trevas em luz perante eles, e as coisas tortas farei direitas. Estas coisas lhes farei, e nunca os desampararei" (Isaías 42:16).

- Jill e os outros decidem fazer o seu melhor para consertar as coisas. Pode não ser tão tarde. 2 Coríntios 7:10 afirma: "Porque a tristeza segundo Deus opera arrependimento para a salvação...". Em Apocalipse 3:19 Deus diz: "Eu repreendo e castigo a todos quantos amo". Atos 3:19 nos exorta: "Arrependei-vos, pois, e convertei-vos, para que sejam apagados os vossos pecados, e venham assim os tempos do refrigério pela presença do Senhor".

## *Você sabia?*
Jill, Eustáquio e Brejeiro planejam agir como tontos e estúpidos para desviar as suspeitas dos gigantes enquanto eles planejam sua fuga. Alguém na Bíblia fingiu estar louco para escapar de seus inimigos. Sabe quem foi?
(Dica: leia 1 Samuel 21:10-15)

## *Textos sobre como lidar com pessoas perigosas*
- Mateus 10:16
- Efésios 5:15-17
- Colossenses 2:8

# 9. Uma descoberta que valeu a pena

*...os justos são libertados pelo conhecimento.*
—Provérbios 11:9

## PARALELOS E PRINCÍPIOS BÍBLICOS

- Horrorizado com a possibilidade de comer um cervo Falante, Brejeiro exclamou que eles haviam se exposto à ira de Aslam e provavelmente estão sob "uma maldição." Deus realmente diz que amaldiçoará aqueles que são maus e rebeldes. Porém, para os seus servos, Ele é misericordioso: "...compassivo; longânimo e assaz benigno. Como um pai se compadece de seus filhos, assim o Senhor se compadece dos que o temem. Pois ele conhece a nossa estrutura e sabe que somos pó" (Salmo 103:8,13-14).

- Brejeiro estava certo todo o tempo. A Dama do Vestido Verde os enviou diretamente à armadilha. Vejam o que 2 Pedro 2:18 diz sobre os maus: "...porquanto, proferindo palavras jactanciosas de vaidade, engodam com paixões carnais...". O Salmo 5:9 adverte: "...pois não têm eles sinceridade nos seus lábios; o seu íntimo é todo crimes; a sua garganta é sepulcro aberto, e com a língua lisonjeiam".

### *Você sabia?*

Os caçadores retornam em tempo de perseguir Brejeiro e as crianças. O que a Bíblia diz que os homens maus "caçam"? E o que os "caçará"?

(Dica: leia Salmos 10:2; 140:11)

*Textos sobre como adquirir conhecimento*
- Provérbios 2:1-12; 23:12
- Tiago 1:5

# 10. Viagem sem sol

*…esperamos pela luz, e eis que há só trevas; pelo resplendor, mas andamos na escuridão.*
—Isaías 59:9

## PARALELOS E PRINCÍPIOS BÍBLICOS

- Embora Brejeiro e as crianças pensassem diferente, o Príncipe está convencido de que a Rainha do Reino Profundo é justa e cheia de virtudes. 2 Coríntios 11:14-15 adverte que "…o próprio Satanás se transforma em anjo de luz […] os seus próprios ministros se transformem em ministros de justiça…". Jesus disse: "…se vos apresentam disfarçados em ovelhas, mas por dentro são lobos roubadores […]. Pelos seus frutos os conhecereis" (Mateus 7:15-16).

- Brejeiro insiste que "não existem acasos. Nosso guia é Aslam; e ele estava presente quando o rei ordenou que as letras fossem gravadas; e já sabia todas as coisas que viriam, inclusive *esta*". A Bíblia nos diz que mesmo antes da queda de Adão e Eva, Deus já tinha planejado como resgatar-nos do poder do pecado. Jesus estava lá desde o princípio. Apocalipse 13:8 o chama de "o Cordeiro que foi morto desde a fundação do mundo" (compare com João 1:1-3). Falando sobre a onisciência de Deus, o salmista observou: "Pois tu formaste o meu interior tu me teceste no seio de minha mãe. […], e no teu livro foram escritos todos os meus dias, cada um deles escrito e determinado, quando nem um deles havia ainda" (Salmo 139:13,16). Provérbios 19:21 nos lembra da soberania de Deus: "Muitos propósitos há no coração do homem, mas o desígnio do Senhor permanecerá".

## *Você sabia?*
O guardião diz a Brejeiro e às crianças que há um homem enorme dormindo na caverna, o Pai Tempo: "Dizem que despertará no fim do mundo". E também acordarão as estranhas bestas da relva. A Bíblia diz que no fim do mundo certas pessoas se levantarão das Profundezas. Você sabe quem são?
(Dica: leia 1 Tessalonicenses 4:16-17; 1 Coríntios 15:51-52)

## *Textos sobre as mais profundas, escuras trevas*
- Salmo 139:7-12
- Lamentações 3:55
- Miqueias 7:19

# 11. No castelo escuro

*…o Senhor, […] trará à plena luz as coisas ocultas das trevas…*
—1 Coríntios 4:5

### PARALELOS E PRINCÍPIOS BÍBLICOS
- O cavaleiro (que é o Príncipe) implora a Brejeiro e às crianças para libertarem-no, clamando: "Em nome do grande Leão, do próprio Aslam, eu ordeno…". Paulo em Filipenses 2:9-11 nos diz que Deus deu a Jesus "um nome que está acima de todo o nome". Seu nome é poderoso — traz vida

e cura (João 20:31; Atos 3:16). O próprio Jesus prometeu que Ele faria o que quer que pedíssemos em Seu nome (João 14:14;15:16).

- Brejeiro insiste que obedeçam às ordens de Aslam, apesar de temerem as consequências. Jesus disse: "Se me amais, guardareis os meus mandamentos" (João 14:15). Ele prometeu que se obedecermos, Ele viverá em nós e através de nós. Ele nós dará a Sua paz (João 14:15-27). "Sabemos que todas as coisas cooperam para o bem daqueles que amam a Deus, daqueles que são chamados segundo o seu propósito" (Romanos 8:28). Provérbios 16:20 afirma: "O que atenta para o ensino acha o bem, e o que confia no Senhor, esse é feliz".

### *Você sabia?*
Brejeiro e as crianças estão confusos — eles não sabem se acreditam ou não no Príncipe. Será que eles deveriam libertá-lo? O que a Bíblia diz que os cristãos devem fazer quando realmente precisam de direção?
(Dica: leia Salmo 91:14-15; Tiago 1:5)

### *Textos sobre libertar os cativos*
- Provérbios 24:11-12
- Isaías 61:1
- Ezequiel 13:20

# 12. A rainha do Submundo

*Porquanto vós todos sois filhos da luz e filhos do dia;*
*nós não somos da noite nem das trevas.*
—1 Tessalonicenses 5:5

## PARALELOS E PRINCÍPIOS BÍBLICOS

- A Feiticeira fala suave e carinhosamente. Como as mulheres ímpias descritas em Provérbios 5:3, seus lábios "…destilam favos de mel, e as suas palavras são mais suaves do que o azeite". Com lisonjas ela os arrasta (Provérbios 7:21). "Porque a muitos feriu e derribou; e são muitos os que por ela foram mortos" (v.26). Paulo em Romanos 16:18 observa que é assim que agem os ímpios "…e, com suaves palavras e lisonjas, enganam o coração dos incautos". Dos seus inimigos o salmista diz: "Todo o dia torcem as minhas palavras" (Salmo 56:5). Ainda hoje, Satanás usa a mesma estratégia para confundir os cristãos.

- Embora tenha que fazer um tremendo esforço, Brejeiro resiste ao encantamento. Ele se recusa a crer nas mentiras da Feiticeira e se agarra obstinadamente ao que ele sabe que é verdadeiro. Nisto, ele serve como um maravilhoso exemplo para os cristãos de hoje que estão sob ataque espiritual. O apóstolo Paulo disse: "…porque sei em quem tenho crido e estou certo de que ele é poderoso para guardar o meu depósito…" (2 Timóteo 1:12; veja também João 8:31-32). Efésios 6:14-16 nos exorta: "Estai, pois, firmes, cingindo-vos com a verdade […] embraçando sempre o escudo da fé, com o qual podereis apagar todos os dardos inflamados do Maligno". 2 Coríntios 10:4-5 explica: "Porque as armas da nossa milícia não são carnais, e sim poderosas em Deus, para destruir fortalezas, anulando nós sofismas e toda altivez que se levante contra o conhecimento de Deus, e levando cativo todo pensamento à obediência de Cristo".

### *Você sabia?*
A feiticeira diz que Aslam e Nárnia são fictícios, histórias de crianças. Como Jesus se posicionou àqueles que diziam a mesma coisa sobre o evangelho?
(Dica: leia Gálatas 1:11-12; 2 Pedro 1:16-19)

### *Textos sobre agarrar-se à verdade*
- Provérbios 4:1-5,13,20-23
- Filipenses 4:8-9
- Efésios 6:10-18

# 13. O Submundo sem rainha

*Portanto, assim diz o Senhor Deus: Eis aí vou eu contra vossos invólucros feiticeiros [...] livrarei o meu povo das vossas mãos, e nunca mais estará ao vosso alcance para ser caçado...*
—Ezequiel 13:20-21

### PARALELOS E PRINCÍPIOS BÍBLICOS
- Rilian diz: "Aslam será nosso guia, quer nos reserve a morte ou a vida". O apóstolo Paulo disse: "Porque, se vivemos, para o Senhor vivemos; se morremos, para o Senhor morremos. Quer, pois, vivamos ou morramos, somos do Senhor" (Romanos 14:8). "Porquanto, para mim, o viver é Cristo, e o morrer é lucro" (Filipenses 1:21). "É por isso que também

nos esforçamos, quer presentes, quer ausentes, para lhe sermos agradáveis" (2 Coríntios 5:9).

- Rilian diz a Jill: Se morrermos "em combate para protegê-la; encomende-se, pois à proteção do Leão". O apóstolo Paulo usou uma frase similar para se referir a colocar-se ou a seus queridos nas mãos de Deus (o mesmo que entregar), por exemplo, veja Atos 14:23; 20:32 e 2 Timóteo 1:12-14. Quando Jesus morreu na cruz, Ele bradou: "Pai, em tuas mãos entrego o meu espírito" (Lucas 23:46).

### *Você sabia?*
Rilian, Brejeiro e as crianças escaparam através de um mundo aparentemente sacudido por terremotos, fogo e inundações. Nas Escrituras, Deus disse a Seu povo que eles experimentariam circunstâncias similares, mas que não deveriam ter medo. Por quê? (DICA: LEIA Isaías 43:1-2,5-7)

### *Textos sobre confiar em Deus, na vida ou na morte*
- Daniel 3:16-18
- 2 Coríntios 5:1-10
- Filipenses 1:19-26

# 14. O fundo do mundo

*…para dizeres aos presos: Saí,*
*e aos que estão em trevas: Aparecei…*
—Isaías 49:9

## PARALELOS E PRINCÍPIOS BÍBLICOS

- Fogo, inundações e terremotos… os viajantes percebem que o que eles estão testemunhando é a libertação do Submundo. Subitamente ele foi liberto do domínio da feiticeira. A Bíblia nos diz que nosso mundo está escravizado — sob a maldição do pecado. E ele anseia por ser livre. "Porque sabemos que toda a criação, a um só tempo, geme e suporta angústias até agora" (Romanos 8:22). E "a ardente expectativa da criação aguarda a revelação dos filhos de Deus […] na esperança de que a própria criação será redimida do cativeiro da corrupção, para a liberdade da glória dos filhos de Deus" (Romanos 8:19-21).

- Rilian repete sua admoestação: "Vivos ou mortos, Aslam será nosso guia". O apóstolo Paulo disse: "Porque, se vivemos, para o Senhor vivemos; se morremos, para o Senhor morremos. Quer, pois, vivamos ou morramos, somos do Senhor" (Romanos 14:8). "Porquanto, para mim, o viver é Cristo, e o morrer é lucro" (Filipenses 1:21). "Portanto, não temeremos ainda que a terra se transtorne e os montes se abalem no seio dos mares; o Senhor dos Exércitos está conosco…" (Salmo 46:2,7).

## *Você sabia?*

Ao matar a feiticeira, Rilian e os outros descobrem que eles destruíram seu poder e quebraram todos os tipos de encantamentos

com os quais ela mantinha o Submundo escravizado. De acordo com a Bíblia, Jesus veio para o nosso mundo para destruir certas coisas. Sabe que coisas são essas?
(Dica: leia 1 João 3:8 e Apocalipse 22:3)

### *Textos sobre libertação*
- 2 Samuel 22:2-3
- Salmo 32:6-7
- 2 Coríntios 1:9-10

# 15. O desaparecimento de Jill

*Ele nos libertou do império das trevas*
*e nos transportou para o reino do Filho do seu amor.*
—Colossenses 1:13

## PARALELOS E PRINCÍPIOS BÍBLICOS

- Quando Jill vê a alegre reunião entre Rilian e seu povo, ela reflete que a "peregrinação, apesar de suas durezas e perigos, valera a pena". A Bíblia diz que um dia os cristãos terão a mesma perspectiva de sua própria "missão" — sua jornada pelas provações e tribulações da vida. O apóstolo Paulo disse: "Porque para mim tenho por certo que os sofrimentos do tempo presente não podem ser comparados com a glória a ser revelada em nós" (Romanos 8:18). "Por isso, não desanimamos [...] Porque a nossa leve e momentânea tribulação produz para nós eterno peso de glória, acima de toda comparação, não atentando nós nas coisas que se veem, mas nas que se não veem; porque as que se veem são temporais, e as que se não veem são eternas" (2 Coríntios 4:16-18).

Os narnianos concluíram que "as feiticeiras do Norte sempre miram o mesmo objetivo: em cada época da História, mudam apenas de tática". A Bíblia nos diz que o mesmo é verdade em relação a Satanás. "...Ele foi homicida desde o princípio..." (João 8:44). Ele "se transforma em anjo de luz" (2 Coríntios 11:14). Mas sempre, o seu propósito é mau. Ele vem para "roubar, matar e destruir" (João 10:10). O apóstolo Paulo instruiu os cristãos a tomarem cuidado, para que Satanás não os iluda: "...pois não lhe ignoramos os desígnios" (2 Coríntios 2:11).

## *Você sabia?*

Por muitos anos as criaturas de Nárnia esperavam — e ansiavam — pelo retorno do príncipe Rilian. Mas quando Jill lhes diz que ele voltou, eles não acreditam nela. A Bíblia nos fala de um grupo de pessoas que estava orando pelo retorno milagroso de um amigo e não acreditaram quando Deus lhes respondeu suas orações! Você se lembra por quem eles oravam?
(DICA: LEIA ATOS 12:1-16)

## *Textos sobre dançar com alegria*

- Êxodo 15:1-21
- Jeremias 31:13
- Salmo 30:11-12

# 16. Remate de males

*Na tua força, Senhor, o rei se alegra!*
*E como exulta com a tua salvação!*
*Satisfizeste-lhe o desejo do coração*
*e não lhe negaste as súplicas dos seus lábios.*
—Salmo 21:1-2

## PARALELOS E PRINCÍPIOS BÍBLICOS

- Aslam diz a Eustáquio: "Não me zango o tempo todo". O Salmo 103:8-12 explica: "O Senhor é misericordioso e compassivo; longânimo e assaz benigno. Não repreende perpetuamente, nem conserva para sempre a sua ira. Não nos trata segundo os nossos pecados, nem nos retribui consoante as nossas iniquidades. Pois quanto o céu se alteia acima da terra, assim é grande a sua misericórdia para com os que o temem. Quanto dista o Oriente do Ocidente, assim afasta de nós as nossas transgressões".

- Apesar de suas tolices, Aslam elogia as crianças: "Vocês cumpriram a missão que lhes foi confiada". Jesus usou uma linguagem similar para descrever o cumprimento dos planos eternos de Deus. Ele disse aos Seus discípulos: "É necessário que façamos as obras daquele que me enviou…" (João 9:4). O próprio Deus trabalha em nós, "…porque Deus é quem efetua em vós tanto o querer como o realizar, segundo a sua boa vontade" (Filipenses 2:13). Apesar de às vezes cometermos erros — e até cairmos — Deus cumprirá o que Ele ordenou. Sua graça é suficiente para nós; Seu poder se aperfeiçoa em nossa fraqueza (2 Coríntios 12:9-10).

- As crianças choram pela morte do rei Caspian. "Até o Leão chorou: enormes lágrimas de leão". Compare esta cena a de João 11:1-44, Jesus chegou à tumba de Seu amigo Lázaro. Ele estava com o espírito agitado e "comoveu-se" (v.33) ao ver o sofrimento da família de Lázaro, Ele sofreu com eles. "Jesus chorou" (v.35). E, ressuscitou Lázaro da morte.

- Aslam orienta Eustáquio para colocar um espinho na sua pata. Uma gota do sangue de Aslam cai sobre Caspian e o ressuscita da morte para a vida eterna no país de Aslam. A Bíblia nos diz que "...sem derramamento de sangue, não há remissão" (Hebreus 9:22). Jesus "...foi traspassado pelas nossas transgressões e moído pelas nossas iniquidades; o castigo que nos traz a paz estava sobre ele, e pelas suas pisaduras fomos sarados" (Isaías 53:5). "Porque aprouve a Deus que, nele, residisse toda a plenitude e que, havendo feito a paz pelo sangue da sua cruz, por meio dele, reconciliasse consigo mesmo todas as coisas, quer sobre a terra, quer nos céus" (Colossenses 1:19-20). "...E o sangue de Jesus, seu Filho, nos purifica de todo pecado" (1 João 1:7).

- Aslam fala de Caspian: "Ele morreu. Isso acontece muito, como você deve saber. Até eu morri". Romanos 14:9 nos diz: "Foi precisamente para esse fim que Cristo morreu e ressurgiu: para ser Senhor tanto de mortos como de vivos" (Veja também Apocalipse 1:18).

- Aslam sopra sobre Jill e Eustáquio como se pudesse infundir-lhes poder e força para a próxima tarefa. Em João 20:21-22, Jesus soprou sobre Seus discípulos e lhes disse que recebessem o Espírito Santo, que lhes daria poder para as tarefas por vir (ver também Atos 1:8).

- Aslam dá a Caspian, Jill e Eustáquio a tarefa de punir os fanfarrões da escola por suas crueldades. Muitas vezes nas Escrituras (especialmente no Antigo Testamento), Deus deu a Seu povo a responsabilidade de conduzir Sua vingança contra as nações perversas ao redor deles (Veja Números 31:3; Deuteronômio 9:1-4; 1 Samuel 15:3). Provérbios 11:8 afirma: "O justo é libertado da angústia, e o perverso a recebe em seu lugar".

### *Você sabia?*
Aslam diz que ele não se revelará totalmente à turma do Colégio Experimental. Eles só o verão pelas costas. A Bíblia nos fala de alguém que queria ver a face do Pai Eterno. Deus lhe disse que a visão o subjugaria e ele morreria, mas ainda assim, Deus permitiria que ele o visse pelas costas. Você se lembra do nome deste homem?
(DICA: LEIA ÊXODO 33:18-23)

### *Textos sobre o sangue de Jesus*
- Efésios 1:3-8
- 1 Pedro 1:18-21
- Apocalipse 1:5-6; 5:9

# A Última
# BATALHA

## *Introdução*
# A Última Batalha

> Nos últimos dias de Nárnia, lá para as bandas do Ocidente, depois do Ermo do Lampião e bem pertinho da grande cachoeira, vivia um macaco.
> —A Última Batalha

Quando Manhoso, o macaco, topa com uma pele de leão, surge uma conspiração para arruinar Nárnia. Manhoso convence seu amigo Confuso, um jumento, a usar a pele de leão e fazer de conta que é Aslam. Em nome de Aslam, Manhoso orquestrará a completa destruição de tudo que é bom, certo e verdadeiro. Ele conspirará com os arqui-inimigos de Nárnia, os calormanos, para pilhar as florestas e rios, conquistar o castelo de Cair Paravel e vender todas as criaturas como escravos. Jesus advertiu: "Vede que ninguém vos engane. Muitos virão em meu nome, dizendo: Sou eu; e enganarão a muitos" (Marcos 13:5-6).

Como a maioria dos narnianos, a princípio o rei Tirian ficou perplexo. Será que Aslam poderia realmente ter vindo secretamente para Nárnia, e ter sido cruel e injusto como aqueles que, se passando por ele, agem em seu nome? "Ele não é um leão domesticado." Mas quando Manhoso declara que Aslam e Tash, o deus dos Calormanos, eram uma e a mesma pessoa, Tirian tem certeza de que deve ser uma fraude. "…assim é o enganador e o anticristo" (2 João 7). Tirian pergunta: "Como o terrível deus Tash, que se alimentava do sangue do seu povo, podia ser a mesma pessoa que o bom Leão, que dera o próprio sangue para salvar Nárnia inteira?".

Infelizmente, muitos de seus súditos são enganados. Por temer a ira de Tashlam, eles obedecem cegamente as ordens de Manhoso. Tirian clama ao verdadeiro Aslam para retornar novamente a Nárnia — ou pelo menos mandar algumas daquelas "crianças de um outro mundo" que vinham sempre que as coisas estavam bem ruins. Para espanto do rei, Jill e Eustáquio aparecem repentinamente diante dele — prontos para resgatá-lo e a todos os de Nárnia. Mas desta vez Nárnia não pode ser resgatada; seus dias estão contados.

O rei Tirian, o unicórnio Precioso, as crianças e uns poucos mais tentam dissipar a escuridão. Desde o princípio eles sabem que esta é uma batalha perdida, mas lutarão até o último fôlego pela verdade e pela justiça. "…Sê fiel até à morte, e dar-te-ei a coroa da vida" (Apocalipse 2:10).

Um a um, eles são enviados pela da Porta do Estábulo para enfrentar o executor — somente para encontrar não a morte, mas a vida! Eles entraram num lindo paraíso. Lá são recebidos por outras "crianças" e os amigos de Nárnia, agora adultos: Polly, Digory, Pedro, Edmundo e Lúcia. Aslam, subitamente aparece em toda a sua glória. Parado à Porta do Estábulo, ele chama pelo fim do tempo — a destruição final do mundo de Nárnia. As estrelas caem do céu, o Sol e a Lua se tornam em sangue e terremotos e inundações assolam a Terra (compare com Joel 2:30-31). Todos os habitantes de Nárnia apresentam-se diante de Aslam, para serem julgados. Alguns viram à sua esquerda e desaparecem na escuridão e esquecimento, enquanto outros viram à sua direita e entram no paraíso com Tirian e as crianças (compare com Mateus 25:31-46).

Quando tudo termina, Aslam encoraja suas criaturas: "Continuem avançando! Continuem subindo!". Eles nem tinham começado a compreender o que estava diante deles. "Nem olhos viram, nem ouvidos ouviram, nem jamais penetrou em coração humano o que Deus tem preparado para aqueles que o amam" (1 Coríntios 2:9). Seguindo Aslam para o centro do seu país, os amigos de Nárnia fazem uma descoberta sensacional. Este novo país lhes é muito familiar. De fato, é como Nárnia — só que melhor! Lorde Digory é o primeiro a perceber a situação: O país que eles conheciam "não era a verdadeira Nárnia. Ela teve um começo e um fim. Era apenas uma sombra, uma cópia da verdadeira Nárnia que sempre existiu e sempre existirá aqui [...] Lúcia, você não precisa prantear por Nárnia. Todas as criaturas queridas, tudo o que importava da velha Nárnia foi trazido aqui para a verdadeira Nárnia, através daquela Porta".

Seus velhos amigos estão reunidos lá esperando por eles — reis e rainhas e heróis da fé — aqueles que partiram primeiro. No meio daquela alegre reunião, Lúcia tem um só medo — que Aslam mais uma vez os mandasse de volta para seu próprio mundo. Mas desta vez não haveria volta. Aslam explica que aquele "terrível solavanco" que os trouxera a Nárnia fora um acidente de trem. "Vocês ainda não perceberam? [...] Vocês estão mortos, como se costumava dizer nas Terras Sombrias. Acabaram-se as aulas: chegaram as férias!".

E assim eles descobrem que "Toda a vida deles neste mundo e todas as suas aventuras em Nárnia haviam sido apenas a capa e a primeira página do livro. Agora, finalmente, estavam começando o Capítulo Um da Grande História que ninguém na terra jamais leu: a história que continua eternamente e na qual cada capítulo é muito melhor do que o anterior".

Que gloriosa explicação sobre o verdadeiro destino de todos os cristãos! Isto e muito mais você descobrirá ao juntar-se ao príncipe Tirian para *A Última Batalha* (Ed. Martins Fontes, 2010).

# 1. No Lago do Caldeirão

*Mas receio que, assim como a serpente enganou a Eva*
*com a sua astúcia, assim também seja corrompida a vossa mente*
*e se aparte da simplicidade e pureza devidas a Cristo.*
—2 Coríntios 11:3

### PARALELOS E PRINCÍPIOS BÍBLICOS

- Manhoso diz ser amigo de Confuso, mas trata o burro mais como um servo — tirando proveito de tudo para si mesmo. As Escrituras nos dizem, "…ninguém ofenda nem defraude a seu irmão…" (1 Tessalonicenses 4:6). Ao contrário, Gálatas 5:13 diz: "…sede, antes, servos uns dos outros, pelo amor". E Romanos 12:10 acrescenta: "…Preferindo-vos em honra uns aos outros".

- Manhoso é um mestre da manipulação. Ele convence Confuso que fingindo ser Aslam, ele terá a chance de "dar um jeito em Nárnia". Manhoso está interessado em uma só coisa: contentar todos os seus desejos. De pessoas assim o apóstolo Paulo diz: "O destino deles é a perdição, o deus deles é o ventre, e a glória deles está na sua infâmia, visto que só se preocupam com as coisas terrenas" (Filipenses 3:19). A Deus não se engana. "…porque o Senhor esquadrinha todos os corações e penetra todos os desígnios do pensamento…" (1 Crônicas 28:9).

### *Pense nisto!*
No início vemos que esta história acontece nos "últimos dias de Nárnia". Manhoso e Confuso são jogados de cara no chão por um pequeno terremoto. De acordo com Bíblia, quais os sinais que indicarão sobre os últimos dias da Terra?
(Dica: leia Marcos 13:7-8)

### *Textos sobre reverência a Deus*
- Salmos 99:1-3; 111:10
- Deuteronômio 13:4

## 2. A precipitação do rei

*Vede que ninguém vos engane.*
*Muitos virão em meu nome, dizendo:*
*Sou eu; e enganarão a muitos.*
—Marcos 13:5-6

### PARALELOS E PRINCÍPIOS BÍBLICOS

- Passofirme diz que se Aslam tivesse realmente chegado, "os céus o teriam predito". Amós 3:7 nos diz: "Certamente, o Senhor Deus não fará coisa alguma, sem primeiro revelar o seu segredo aos seus servos, os profetas".

- Nenhum dos narnianos conhecia Aslam pessoalmente — eles lembram somente das antigas histórias. Tudo o que parecem entender sobre sua natureza é que "ele não é um leão domesticado". As Escrituras nos dizem que Deus é de fato Todo-poderoso — Ele não pode ser controlado ou manipulado. Porém Ele é também bom e justo. "Justo é o

Senhor em todos os seus caminhos, benigno em todas as suas obras" (Salmo 145:17).

- Quando o rei vê um cavalo falante sendo maltratado, ele reage com fúria, matando os escravos calormanos que o conduziam. Esta cena é praticamente idêntica àquela de Êxodo 2:11-12, em que Moisés vê um egípcio batendo num escravo hebreu. Enraivecido, Moisés assassina brutalmente o egípcio. Quando suas ações se tornaram conhecidas, ele foi obrigado a fugir do palácio onde morava, para o deserto de Midiã.

*Você sabia?*
O centauro adverte o rei Tirian para não agir imediatamente — ele devia esperar por reforços. Mas em sua ira, Tirian recusa-se a ouvir um conselho sábio. De acordo com a Bíblia, o que falta num homem que se irrita facilmente?
(Dica: leia Provérbios 14:7)

*Textos sobre insensatez e controle*
- Provérbios 14:16; 17:27
- 1 Pedro 4:7

# 3. Sua Majestade, o macaco

*Amados, não deis crédito a qualquer espírito;*
*antes, provai os espíritos se procedem de Deus,*
*porque muitos falsos profetas têm saído pelo mundo fora.*
—1 João 4:1

## PARALELOS E PRINCÍPIOS BÍBLICOS

- Depois de assassinar os escravos calormanos que eram os condutores, Tirian e Precioso fogem — como Moisés fugiu após matar o egípcios em Êxodo 2:11-12.

- O rei e o unicórnio não acreditam nos relatos sobre a crueldade e injustiça de Aslam. Ao mesmo tempo, eles não podem deixar de perguntar se eles erraram ao devotar-lhe sua fé. As Escrituras são claras sobre Deus nunca mudar (Malaquias 3:6). "Justo é o SENHOR em todos os seus caminhos, benigno em todas as suas obras" (Salmo 145:17). "...seja Deus verdadeiro, e mentiroso todo o homem..." (Romanos 3:4). "Se somos infiéis, ele permanece fiel, pois de maneira nenhuma pode negar-se a si mesmo" (2 Timóteo 2:13).

- Os narnianos são confundidos com a charada de Manhoso. Eles não sabem em que acreditar. Em Marcos 13:22-23, Jesus adverte os discípulos: "...pois surgirão falsos cristos e falsos profetas, operando sinais e prodígios, para enganar, se possível, os próprios eleitos. Estai vós de sobreaviso; tudo vos tenho predito". 2 Pedro 2:1-3 diz: "...introduzirão, dissimuladamente, heresias destruidoras [...] E muitos seguirão as suas práticas libertinas [...] também, movidos por avareza, farão comércio de vós, com palavras fictícias...". 2 João 7 explica: "...assim é o enganador e o anticristo".

- Os esquilos recebem a ordem de entregar mais nozes — "Duas vezes mais [...] amanhã, antes do pôr do sol [...] senão vão se arrepender!". Quando os israelitas eram escravos no Egito, os capatazes os forçavam a fazer tijolos e cumprir certas cotas. Quando Moisés falou com o Faraó, ele retaliou não lhes concedendo a palha. O trabalho deles, então, dobrou (Êxodo 5:1-19).

- Manhoso diz que não haverá mais aglomerações ao redor de Aslam — embora nos tempos antigos, Aslam claramente acolhia as criaturas que se reuniam ao seu redor (Veja *O Leão a Feiticeira e o Guarda-Roupa* e *Príncipe Caspian*). Jesus chamava as multidões para si (Mateus 9:36;15:10). Quando Seus discípulos tentavam impedir que as pessoas o incomodassem com seus filhos, Ele lhes disse: "...Deixai vir a mim os pequeninos e não os embaraceis, porque dos tais é o reino de Deus" (Lucas 18:16).

- O macaco diz que embora Aslam costumasse falar com os Animais Falantes face a face, agora ele falará somente através dele, seu "porta-voz". As Escrituras nos dizem exatamente o oposto sobre Deus. "Havendo Deus, outrora, falado, muitas vezes e de muitas maneiras, aos pais, pelos profetas, nestes últimos dias, nos falou pelo Filho, a quem constituiu herdeiro de todas as coisas, pelo qual também fez o universo" (Hebreus 1:1-2).

- O Cordeiro pergunta: "O que temos nós a ver com os calormanos?". E esta é a melhor pergunta feita até agora. Paulo em 2 Coríntios 6:14-16 exorta: "Não vos ponhais em jugo desigual com os incrédulos; porquanto que sociedade pode haver entre a justiça e a iniquidade? Ou que comunhão, da luz com as trevas? Que harmonia, entre Cristo e o Maligno? Ou que união, do crente com o incrédulo? Que ligação há entre o santuário de Deus e os ídolos?".

- Tirian está aflito ao ver como seus súditos são enganados com rapidez e facilidade. O apóstolo Paulo teve a mesma frustração com os cristãos de Corinto: "Se, na verdade, vindo alguém, prega outro Jesus que não temos pregado […] ou evangelho diferente que não tendes abraçado, a esse, de boa mente, o tolerais […] Porque os tais são falsos apóstolos, obreiros fraudulentos, transformando-se em apóstolos de Cristo. E não é de admirar, porque o próprio Satanás se transforma em anjo de luz" (2 Coríntios 11:4,13-14).

- Tirian reflete sobre a natureza do "bom Leão, que dera o próprio sangue para salvar Nárnia inteira". A Bíblia nos diz que todos nós fomos salvos pela obra redentora de Cristo na cruz. "No qual temos a redenção, pelo seu sangue, a remissão dos pecados, segundo a riqueza da sua graça" (Efésios 1:7; veja também Colossenses 1:19-20; Apocalipse 1:5).

### *Você sabia?*
O macaco anuncia que os tempos mudaram. Aslam não será mais misericordioso, amoroso e bondoso. "Desta vez vai colocá-los todos nos eixos." Será que Aslam mudou mesmo? O que a Bíblia nos ensina sobre a natureza de Deus?
(Dica: leia Malaquias 3:6 e Hebreus 13:8)

### *Textos sobre a vinda do anticristo*
- 1 João 2:18,22; 4:1-3
- 2 João 7

## 4. O que aconteceu naquela noite

*Cada um zomba do seu próximo, e não falam a verdade;
ensinam a sua língua a proferir mentiras;
cansam-se de praticar a iniquidade.
Vivem no meio da falsidade...*
—Jeremias 9:5-6

### PARALELOS E PRINCÍPIOS BÍBLICOS

- As criaturas se reuniram ao redor do Estábulo para ter um vislumbre de Aslam. Eles foram enganados pelo disfarce de Manhoso e Confuso. Jesus advertiu Seus discípulos: "Então, se alguém vos disser: Eis aqui o Cristo! Ou: Ei-lo ali! Não acrediteis; porque surgirão falsos cristos e falsos profetas operando grandes sinais e prodígios para enganar, se possível, os próprios eleitos [...] Portanto, se vos disserem: Eis que ele está no deserto!, não saiais. Ou: Ei-lo no interior da casa!, não acrediteis. Porque, assim como o relâmpago sai do oriente e se mostra até no ocidente, assim há de ser a vinda do Filho do Homem" (Mateus 24:23-27).

- "Aslam! Aslam! Aslam!, suplicavam os animais. Fale conosco! Conforte-nos! Não fique mais zangado conosco!". As Escrituras relatam muitas ocasiões em que o povo de Deus pronunciou essas mesmas palavras. O salmista orou: "Não me escondas, Senhor, a tua face, não rejeites com ira o teu servo; tu és o meu auxílio, não me recuses, nem me desampares, ó Deus da minha salvação" (Salmo 27:9). "Restabelece-nos, ó Deus da nossa salvação, e retira de sobre nós a tua ira. Mostra-nos, Senhor, a tua misericórdia e concede-nos a tua salvação" (Salmo 85:4,7).

- Quando ele clama por ajuda, Tirian aparece para os Sete Amigos de Nárnia, como um fantasma ou visão. Compare esta cena com 16:9-10 — "À noite, sobreveio a Paulo uma visão na qual um varão macedônio estava em pé e lhe rogava, dizendo: Passa à Macedônia e ajuda-nos […] imediatamente, procuramos partir para aquele destino, concluindo que Deus nos havia chamado para lhes anunciar o evangelho".

### *Pense nisto!*

O rei Tirian lembra-se de como Aslam e as crianças do outro mundo vinham sempre a Nárnia "sempre que as coisas estavam na pior". Mesmo naquela escuridão, ele começa a esperar. O que o salmista fez em seus momentos de escuridão?
(Dica: leia Salmo 77:1-14)

### *Textos sobre a resposta de Deus ao nosso clamor*

- Salmo 34:4-8
- Isaías 30:19
- 1 João 5:14-15

# 5. Chega auxílio para o rei

*Perto está o Senhor de todos os que o invocam,*
*de todos os que o invocam em verdade. Ele acode à vontade dos*
*que o temem; atende-lhes o clamor e os salva.*
*—Salmo 145:18-19*

## PARALELOS E PRINCÍPIOS BÍBLICOS

- Os Sete Amigos de Nárnia respondem imediatamente às visões de Tirian, como os apóstolos responderam à visão do homem da Macedônia. "…imediatamente, procuramos partir para aquele destino, concluindo que Deus nos havia chamado para lhes anunciar o evangelho" (Atos 16:10). Efésios 5:15-17 diz aos cristãos: "Portanto, vede prudentemente como andais, não como néscios, e sim como sábios, remindo o tempo, porque os dias são maus [...] procurai compreender qual a vontade do Senhor". Gálatas 6:10 acrescenta: "Por isso, enquanto tivermos oportunidade, façamos o bem a todos, mas principalmente aos da família da fé".

- Tirian agora age com cuidado e premeditação. Provérbios 27:12 diz: "O prudente vê o mal e esconde-se; mas os simples passam adiante e sofrem a pena". Provérbios 14:15 observa: "O simples dá crédito a toda palavra, mas o prudente atenta para os seus passos". E 1 Pedro 4:7 adverte: "Ora, o fim de todas as coisas está próximo; sede, portanto, criteriosos e sóbrios a bem das vossas orações".

## *Você sabia?*
Tirian e as crianças escapam para uma torre fortificada que os ancestrais do rei construíram para ser usada em tempos difíceis. De acordo com a Bíblia, onde os justos encontram refúgio? (Dica: leia Provérbios 18:10)

## *Textos sobre o tempo de Deus*
- Eclesiastes 3:1-8,11
- 2 Pedro 3:8-9
- Gálatas 6:9

# 6. Um bom trabalho noturno

*Para que não mais sejamos como meninos, agitados de um lado para outro e levados ao redor por todo vento de doutrina, pela artimanha dos homens, pela astúcia com que induzem ao erro.*
—Efésios 4:14

## PARALELOS E PRINCÍPIOS BÍBLICOS

- Nárnia está silenciosa; melancolia e medo reinam sobre a terra. A Bíblia nos diz que virá um dia para o nosso mundo quando as pessoas "Olharão para a terra, e eis aí angústia, escuridão e sombras de ansiedade..." (Isaías 8:22). Deus trará julgamento àqueles que profanaram Seu nome. "Farei cessar nas cidades de Judá e nas ruas de Jerusalém a voz de folguedo e a de alegria, a voz de noivo e a de noiva; porque a terra se tornará em desolação" (Jeremias 7:34).

- Tirian executaria Confuso bem ali, mas Jill implora ao rei para demonstrar misericórdia. Embora as Escrituras sejam bem claras quanto à responsabilidade que temos por nossos atos (Tiago 1:13-15; Romanos 3:10-11,23), a Bíblia também diz que devemos ser misericordiosos para com aqueles que são facilmente enganados e se desviam. "Ora, nós que somos fortes devemos suportar as debilidades dos fracos e não agradar-nos a nós mesmos" (Romanos 15:1; veja também Salmo 41:1; Romanos 14:1; 1 Tessalonicenses 5:14). Aqueles que se aproveitam das pessoas simples de coração experimentarão a ira de Deus. "Qualquer, porém, que fizer tropeçar a um destes pequeninos que creem em mim, melhor lhe fora que se lhe pendurasse ao pescoço uma grande pedra de moinho, e fosse afogado na profundeza do mar" (Mateus 18:6).

***Pense nisto!***
Tirian decide encontrar os anões que se aproximam e revelar-lhes a fraude de Manhoso. Como a Bíblia ensina os cristãos a reagirem às ciladas perversas?
(Dica: leia Efésios 5:8-12)

***Textos sobre a noite***
- João 9:4
- Romanos 13:11-12
- 1 Tessalonicenses 5:1-8

## 7. Vivam os anões!

*E, por haverem desprezado o conhecimento de Deus,*
*o próprio Deus os entregou a uma disposição mental reprovável,*
*para praticarem coisas inconvenientes.*
—Romanos 1:28

### PARALELOS E PRINCÍPIOS BÍBLICOS
- Tirian exclama: "Dissipem-se as trevas da mentira e brilhe a luz da verdade!". Romanos 13:11-12 diz aos verdadeiros cristãos: "E digo isto a vós outros que conheceis o tempo: já é hora de vos despertardes do sono; porque a nossa salvação está, agora, mais perto do que quando no princípio cremos. Vai alta a noite, e vem chegando o dia. Deixemos, pois, as obras das trevas e revistamo-nos das armas da luz".

- Os anões recusam-se a crer no verdadeiro Aslam. Eles escarnecem de Tirian e das crianças e pedem provas da existência de Aslam. Nos dias de Jesus, os líderes religiosos escarneceram dele dessa mesma forma: "Perguntaram-lhe, pois, os judeus: Que sinal nos mostras, para fazeres estas coisas?" (João 2:18; veja também Mateus 16:1; Lucas 11:16; João 7:4-5.)

- Grifo é revelado como o instigador da rebelião dos anões e o autor de muitas mentiras ditas aos outros Animais Falantes. 1 João 2:22 pergunta: "Quem é o mentiroso, senão aquele que nega que Jesus é o Cristo? Este é o anticristo, o que nega o Pai e o Filho". 2 Pedro 2:3,10-13 afirma: "...também, movidos por avareza, farão comércio de vós, com palavras fictícias [...] Atrevidos, arrogantes, não temem difamar autoridades superiores [...] Esses, todavia, como brutos irracionais, naturalmente feitos para presa e destruição, falando mal daquilo em que são ignorantes; na sua destruição também hão de ser destruídos, recebendo injustiça por salário da injustiça que praticam...".

## *Alguma semelhança?*
Poggin é o único anão a voltar e demonstrar gratidão a Tirian por seu resgate. A Bíblia nos diz que Jesus libertou dez homens de algo terrível, mas somente um deles voltou para agradecer. Você se lembra do que Jesus o libertou?
(Dica: leia Lucas 17:11-19)

## *Textos sobre aqueles que maquinam o mal*
- Provérbios 6:12-15; 16:27-30
- Isaías 32:7-8

# 8. As novas que a águia trouxe

*Sabe, porém, isto:*
*nos últimos dias, sobrevirão tempos difíceis.*
—2 Timóteo 3:1

## PARALELOS E PRINCÍPIOS BÍBLICOS

- Poggin observa que "ninguém deve chamar o demônio sem saber o que está fazendo". A Bíblia nos diz que os demônios e espíritos maus realmente existem. Embora os cristãos deveriam estar cientes e alertas às suas atividades, não temos que temê-los (1 João 4:4). Mas é melhor que os descrentes fiquem atentos. Eles não sabem com quem estão lidando. "E alguns judeus, exorcistas ambulantes, tentaram invocar o nome do Senhor Jesus sobre possessos de espíritos malignos, dizendo: Esconjuro-vos por Jesus, a quem Paulo prega [...] Mas o espírito maligno lhes respondeu: Conheço a Jesus e sei quem é Paulo; mas vós, quem sois? E o possesso do espírito maligno saltou sobre eles, subjugando a todos, e, de tal modo prevaleceu contra eles, que, desnudos e feridos, fugiram daquela casa" (Atos 19:13-15).

- Precioso estava para ser executado por recusar-se a adorar o falso Aslam. A Bíblia nos diz: "Ora, todos quantos querem viver piedosamente em Cristo Jesus serão perseguidos. Mas os homens perversos e impostores irão de mal a pior, enganando e sendo enganados" (2 Timóteo 3:12-13). No final dos tempos uma terrível "besta" vai governar o mundo, fazendo "...morrer quantos não adorassem a imagem da besta" (Apocalipse 13:15). Jesus disse aos Seus discípulos que alguns deles seriam perseguidos, traídos e até condenados à morte: "De todos sereis odiados por causa do meu nome. Contudo [...] É na vossa perseverança que ganhareis a vossa alma" (Lucas 21:17-19).

- Passofirme diz que "uma morte nobre é um tesouro que ninguém é pobre demais para comprar". A Bíblia nos diz, "Preciosa é aos olhos do SENHOR a morte dos seus santos" (Salmo 116:15). "Bem-aventurado o homem que suporta, com perseverança, a provação; porque, depois de ter sido aprovado, receberá a coroa da vida, a qual o Senhor prometeu aos que o amam" (Tiago 1:12).

### *Você sabia?*
Precioso diz a Jill que todos os mundos caminham para um fim exceto o país de Aslam. O que a Bíblia diz que acontecerá ao nosso mundo?
(DICA: LEIA 2 PEDRO 3:10 E APOCALIPSE 21:1-5)

### *Textos sobre a existência e a atividade dos espíritos maus*
- João 8:44
- Efésios 6:12
- 1 Timóteo 4:1

# 9. A grande reunião na Colina do Estábulo

*Disse-me o SENHOR: Os profetas profetizam mentiras em meu nome, nunca os enviei, nem lhes dei ordem, nem lhes falei; visão falsa, adivinhação, vaidade e o engano do seu íntimo são o que eles vos profetizam.*
—JEREMIAS 14:14

## PARALELOS E PRINCÍPIOS BÍBLICOS

- Precioso diz que não há nada a fazer, mas "voltar à Colina do Estábulo; vamos contar a verdade aos narnianos e enfrentar a aventura para a qual Aslam nos enviou". A Bíblia nos diz que os cristãos são chamados para ser a luz na escuridão (Mateus 5:14). "Pois haverá tempo em que não suportarão a sã doutrina […] e se recusarão a dar ouvidos à verdade, entregando-se às fábulas" (2 Timóteo 4:3-4). Jesus disse que somos Suas testemunhas (Atos 1:8), encarregados de proclamar a verdade (Romanos 10:8-10); 1 João 1:3-5). "…Sê fiel até à morte, e dar-te-ei a coroa da vida" (Apocalipse 2:10).

- Precioso e o rei Tirian estão certos de que a morte os espera, porém permanecem resolutos. O apóstolo Paulo disse aos seus companheiros cristãos: "Em tudo somos atribulados, porém não angustiados; perplexos, porém não desanimados; perseguidos, porém não desamparados; abatidos, porém não destruídos; levando sempre no corpo o morrer de Jesus, para que também a sua vida se manifeste em nosso corpo. Porque nós, que vivemos, somos sempre entregues à morte por causa de Jesus, para que também a vida de Jesus se manifeste em nossa carne mortal […] sabendo que aquele que ressuscitou o Senhor Jesus também nos ressuscitará com Jesus [...] Por isso, não desanimamos [...] Porque a nossa leve e momentânea tribulação produz para nós eterno peso de glória, acima de toda comparação" (2 Coríntios 4:8-17).

### *Pense nisto!*
Misturando um pouco de verdade, Rishda e Manhoso tornaram sua mentira mais forte. De acordo com a Bíblia, quem, foi a primeira pessoa a usar esta estratégia para enganar o povo de Deus? (Dica: leia Gênesis 3:1-6)

### *Textos sobre enfrentar a morte sem medo*
- Romanos 14:8
- Filipenses 1:21
- 1 Coríntios 15:55-58

# 10. Quem entrará no estábulo

*Envergonhados sejam os perversos,*
*[...] emudeçam os lábios mentirosos...*
—Salmo 31:17-18

## PARALELOS E PRINCÍPIOS BÍBLICOS
- Apesar de os anões terem o direito de duvidar das afirmações de Rishda, sua declaração "ver para crer" não poderia estar mais errada. 2 Coríntios 5:7 diz: "...visto que andamos por fé e não pelo que vemos". Embora Jesus fizesse muitos sinais e maravilhas durante Seu ministério terreno, Ele se recusou a "fazê-los" para as pessoas rebeldes e descrentes que exigiam sinais como prova de Sua autoridade divina. Ao incrédulo

Tomé, Jesus disse: "…Porque me viste, creste? Bem-aventurados os que não viram e creram" (João 20:29).

- O rei Tirian diz a Jill: "Coragem, minha amiga: todos nós estamos nas patas do verdadeiro Aslam". O salmista orou: "Nas tuas mãos entrego o meu espírito" (Salmo 31:5). Deuteronômio 33:27 nos diz: "O Deus eterno é a tua habitação e, por baixo de ti, estende os braços eternos…". Romanos 14:8 nos relembra: "Porque, se vivemos, para o Senhor vivemos; se morremos, para o Senhor morremos. Quer, pois, vivamos ou morramos, somos do Senhor".

- Rishda sabe que está mandando Emeth para morrer. Ele não pode dissuadi-lo e não colocará sua posição em perigo revelando a verdade. Ele ecoa as palavras de Pôncio Pilatos em Mateus 27:24. Pilatos não queria enviar Jesus para a morte, mas lhe faltava coragem moral para impedir. Entregou a decisão à multidão, lavou suas em frente dela e anunciou: "Estou inocente do sangue deste [justo]…".

- As criaturas de Nárnia estão apavoradas com Tashlam e imploram a Manhoso para falar por eles junto a Tashlam. Embora o contexto seja completamente diferente, a imagem desta cena vem direto de Êxodo 19–20. "Todo o monte Sinai fumegava […] e todo o monte tremia grandemente […] Todo o povo presenciou os trovões, e os relâmpagos, e o clangor da trombeta, e o monte fumegante; e o povo, observando, se estremeceu e ficou de longe. Disseram a Moisés: Fala-nos tu, e te ouviremos; porém não fale Deus conosco, para que não morramos" (19:18; 20:18-19).

## Você sabia?

Ginger, que inventou muitas mentiras sobre Aslam, de repente perde sua habilidade de falar. Ele deixa de ser um Animal Falante. A Bíblia nos fala de um homem mau chamado Elimas que tentou enganar o povo e afastá-los de Deus. Você sabe o que lhe aconteceu?

(DICA: LEIA ATOS 13:9-11)

## Textos sobre viver pela fé
- 1 Pedro 1:8-9
- 1 Coríntios 16:13
- Hebreus 11

# 11. Acelera-se o passo

*A ira de Deus se revela do céu contra toda impiedade e perversão dos homens que detêm a verdade pela injustiça.*
—ROMANOS 1:18

## PARALELOS E PRINCÍPIOS BÍBLICOS

- Os limites foram estabelecidos, e a última batalha de Nárnia começou. Falando sobre o fim do nosso mundo, Jesus disse: "Porquanto se levantará nação contra nação, reino contra reino, e haverá fomes e terremotos em vários lugares [...] Então, sereis atribulados, e vos matarão. Sereis odiados de todas as nações, por causa do meu nome [...] muitos hão de se escandalizar, trair e odiar uns aos outros [...] levantar-se-ão muitos falsos profetas e enganarão a muitos. Aquele, porém, que perseverar até o fim, esse será salvo" (Mateus 24:7-13).

A Última Batalha

O fim chegou. O rei Tirian e os outros estão lutando uma batalha que sabem que não podem vencer. O apóstolo Pedro respondeu perguntas de cristãos que não sabiam o que fazer em situação tão desesperadora. "Visto que todas essas coisas hão de ser assim desfeitas, deveis ser tais como os que vivem em santo procedimento e piedade, esperando e apressando a vinda do Dia de Deus, por causa do qual os céus, incendiados, serão desfeitos, e os elementos abrasados se derreterão. Nós, porém, segundo a sua promessa, esperamos novos céus e nova terra, nos quais habita justiça. Por essa razão [...] empenhai-vos por serdes achados por ele em paz, sem mácula e irrepreensíveis" (2 Pedro 3:11-14).

## *Você sabia?*
Rishda clamou aos deuses em quem ele não cria — e parece que eles apareceram. O que a Bíblia diz que acontecerá a homens como ele?
(Dica: leia 1 Timóteo 1:20 e 2 Tessalonicenses 1:8-9)

## *Textos sobre lutar o bom combate*
- 1 Timóteo 6:12-16
- Efésios 6:10-18
- Hebreus 12:1-3

# 12. Pela porta do estábulo

*O Senhor me livrará também de toda obra maligna*
*e me levará salvo para o seu reino celestial...*
—2 Timóteo 4:18

## PARALELOS E PRINCÍPIOS BÍBLICOS

- Precioso diz a Jill que eles podem muito bem estar quase entrando no país de Aslam (pela morte), "E quem sabe até possamos cear à mesa dele hoje à noite…". As Escrituras nos dizem que para os cristãos a morte é meramente uma passagem, uma porta para o Céu. Jesus disse ao ladrão na cruz ao seu lado: "Hoje mesmo estarás comigo no paraíso" (Lucas 23:43). Muitos textos falam do Céu como um banquete ou festa… (por exemplo: Salmo 23:5-6; Mateus 22:2-14; Lucas 14:16-24; Apocalipse 3:20). Bem-aventurados aqueles que são chamados à ceia das bodas do Cordeiro…" (Apocalipse 19:9).

- Pedro repreende Tash em nome de Aslam, e diz que Tash pode levar Rishda, que lhe pertence, mas não pode colocar a mão em Tirian. Em João 8:44 Jesus se referiu aos blasfemadores como filhos do diabo — eles pertencem a Satanás. Mas Satanás não tem poder sobre os filhos de Deus. Nós fomos redimidos pelo sangue de Jesus (1 Pedro 1:18-19; Apocalipse 5:9). Jesus disse que toda a autoridade, no Céu e na Terra, lhe foi dada (Mateus 28:18). Ele deu esta autoridade aos Seus discípulos em Marcos 16:17 — "Estes sinais hão de acompanhar aqueles que creem: em meu nome, expelirão demônios…" (Veja Lucas 10:17 e o livro de Atos para mais exemplos).

### Será que está certo?
Pedro diz que Susana "não é mais amiga de Nárnia". Por muitos anos, os cristãos discutem se C. S. Lewis quis dizer que Susana tinha abandonado sua fé para sempre (e assim seria destinada ao inferno) ou simplesmente recuado. Em pelo menos uma carta escrita a uma criança que lhe perguntou sobre isso, Lewis insinuou que a deserção de Susana poderia muito bem ser permanente. No entanto, ele acrescentou que já que ela permaneceu viva no final de *As Crônicas de Nárnia*, "há tempo suficiente para ela se corrigir, e talvez chegar ao país de Aslam no final — do jeito dela."

### Textos sobre verdadeira maturidade
- 2 Pedro 1:5-11
- Efésios 4:11-16
- Tiago 1:2-4

# 13. Os anões não se deixam tapear

*Jerusalém, Jerusalém, que matas os profetas*
*e apedrejas os que te foram enviados!*
*Quantas vezes quis eu reunir teus filhos como a galinha ajunta os*
*do seu próprio ninho debaixo das asas, e vós não o quisestes!*
—Lucas 13:34

## PARALELOS E PRINCÍPIOS BÍBLICOS
- O país de Aslam está cheio de saborosas árvores frutíferas. A Bíblia nos diz que haverá árvores assim no Céu: "No meio da sua praça, de uma e outra margem do rio, está a árvore da vida, que produz doze frutos, dando o seu fruto de mês

em mês, e as folhas da árvore são para a cura dos povos" (Apocalipse 22:2).

- Aslam não pode ajudar os anões: "Eles não nos deixarão ajudá-los... Embora a prisão deles esteja unicamente em suas próprias mentes, eles continuam lá". E têm tanto medo de serem ludibriados de novo que continuam lá." Jesus chorou sobre a cidade de Jerusalém por causa de sua incredulidade (Lucas 13:34; 19:41-42). "Por isso, lhes falo por parábolas; porque, vendo, não veem; e, ouvindo, não ouvem, nem entendem [...] Porque o coração deste povo está endurecido, de mau grado ouviram com os ouvidos e fecharam os olhos; para não suceder que vejam com os olhos, ouçam com os ouvidos, entendam com o coração, se convertam e sejam por mim curados" (Mateus 13:13-15).

- Tirian foi fiel até o final amargo. Agora, em vez de um miserável estábulo, ele se encontra no Paraíso — vestido com o manto real e na companhia dos Sete Amigos de Nárnia. Enquanto esperava sua execução, o apóstolo Paulo refletia: "Combati o bom combate, completei a carreira, guardei a fé. Já agora, a coroa da justiça me está guardada, a qual o Senhor, reto juiz, me dará naquele Dia; e não somente a mim, mas também a todos quantos amam a sua vinda" (2 Timóteo 4:7-8).

- Aslam saúda Tirian: "Muito bem, último dos reis de Nárnia, que permaneceu firme até a hora mais escura!". Ele ecoa as palavras de Jesus usadas para descrever como Deus responderá à obediência de Seu povo: "Muito bem, servo bom e fiel; foste fiel no pouco, sobre o muito te colocarei; entra no gozo do teu senhor" (Mateus 25:21). Jesus disse aos Seus discípulos "...aquele, porém, que perseverar até ao fim, esse será salvo" (Marcos 13:13; veja também Lucas 21:19; Filipenses 1:27; Colossenses 1:23; 2 Tessalonicenses 2:15).

*Pense nisto!*
Lúcia diz: "No nosso mundo também já aconteceu uma vez que, dentro de um certo estábulo, havia uma coisa que era muito maior que o nosso mundo inteiro". Você sabe do que ela estava falando?
(Dica: leia Lucas 1:1-20)

*Textos sobre o desejo do nosso coração*
- Salmo 84:1-2,10
- Isaías 26:8
- Filipenses 3:7-11

# 14. Cai a noite sobre Nárnia

*"...pois a vinda do Senhor está próxima [...]*
*Eis que o juiz está às portas!*
—Tiago 5:8-9

## PARALELOS E PRINCÍPIOS BÍBLICOS
- Sob o comando de Aslam, o Pai Tempo toca sua trombeta para sinalizar o fim do mundo. Mateus 24: 30-31 nos diz que quando nosso mundo acabar: "Então, aparecerá no céu o sinal do Filho do Homem; todos os povos da terra se lamentarão e verão o Filho do Homem [...] E ele enviará os seus anjos, com grande clangor de trombeta, os quais reunirão

os seus escolhidos, dos quatro ventos, de uma a outra extremidade dos céus" (Veja também 1 Coríntios 15:52; 1 Tessalonicenses 4:16; Apocalipse 8:2).

- As estrelas de Nárnia começam a cair do céu. Joel 3:15 nos fala que no Dia do Senhor, "O sol e a lua se escurecem, e as estrelas retiram o seu resplendor". Marcos 13:25 diz: "...as estrelas cairão do firmamento, e os poderes dos céus serão abalados" (Veja também Mateus 24:29; Lucas 21:25).

- As criaturas olham diretamente ao rosto de Aslam. Eles, então, se viram à esquerda (escuridão e esquecimento) ou à direita (Paraíso). Mateus 25:31-33 diz: "Quando vier o Filho do Homem na sua majestade e todos os anjos com ele, então, se assentará no trono da sua glória; e todas as nações serão reunidas em sua presença, e ele separará uns dos outros, como o pastor separa dos cabritos as ovelhas; e porá as ovelhas à sua direita, mas os cabritos, à esquerda". Os que estiverem a esquerda irão "para o castigo eterno, porém os justos para a vida eterna" (v.46).

- Nárnia está desnudada. O livro de Apocalipse descreve as guerras, pragas e fomes que em um dia dizimarão a Terra (sem mencionar a destruição trazida pelo anticristo e pela besta). 2 Pedro 3:10 diz: "Os céus passarão com estrepitoso estrondo, e os elementos se desfarão abrasados; também a terra e as obras que nela existem serão atingidas" (Veja também Lucas 21:25).

- O sol e a lua de Nárnia ficam vermelhos ao morrerem. Joel 2:31 diz que no grande e terrível Dia do Senhor,

"O sol se converterá em trevas, e a lua, em sangue…". Apocalipse 6:12 diz: "…O sol se tornou negro […] a lua toda, como sangue".

### *Você sabia?*
Aslam chama o Grande Rei Pedro para fechar a porta, Pedro a tranca com uma chave de ouro. Na Bíblia, Jesus disse que Ele tem "as chaves da morte e do inferno" (Apocalipse 1:18). E Ele disse a um dos Seus discípulos que lhes daria "…as chaves do reino dos céus…". Você sabe com qual discípulo Ele estava falando?
(Dica: leia Mateus 16:18-19)

### *Textos sobre o julgamento final*
- 2 Coríntios 5:10
- Romanos 2:5-11,16
- Apocalipse 20:12-13

# 15. Para cima e avante!

*Bem-aventurados os limpos de coração, porque verão a Deus.* —
Mateus 5:8

### PARALELOS E PRINCÍPIOS BÍBLICOS
- Sem perceber, Emeth buscou servir Aslam durante toda a sua vida. (*Emeth* é uma palavra hebraica que quer dizer "fiel" ou "verdadeiro"). Atos 10:35 nos diz que Deus em "…qualquer nação, aquele que o teme e faz o que é justo lhe é aceitável". Emeth compartilha a paixão do salmista que disse: "Tornei-me estranho aos meus irmãos […] Pois

o zelo da tua casa me consumiu..." (Salmo 69:8-9). "... buscarei, pois, SENHOR, a tua presença" (Salmo 27:8). "De todo o coração te busquei..." (Salmo 119:10). Deus sempre responde àqueles que avidamente desejam a verdade (Veja também a história do etíope em Atos 8:26-39).

- Compare a descrição que Emeth faz de Aslam com a descrição que João faz de Jesus em Apocalipse 1:14-17 — "A sua cabeça e cabelos eram brancos como alva lã, como neve; os olhos, como chama de fogo; os pés, semelhantes ao bronze polido, como que refinado numa fornalha; a voz, como voz de muitas águas [...] O seu rosto brilhava como o sol na sua força. Quando o vi, caí a seus pés como morto. Porém ele pôs sobre mim a mão direita, dizendo: Não temas".

- Aslam soprou sobre Emeth, tirando o temor. Em João 20:21-22 Jesus apareceu aos Seus discípulos amedrontados e disse: "Paz seja convosco! [...] E, havendo dito isto, soprou sobre eles...".

- Lorde Digory explica que a velha Nárnia era somente "uma sombra, uma cópia da verdadeira Nárnia". Colossenses 2:17 nos diz que tudo veio antes de Jesus era simplesmente "...sombra das coisas que haviam de vir; porém o corpo é de Cristo". O santuário construído por Moisés era um cópia ou sombra do que está no Céu (Hebreus 8:5). A lei em si "...tem sombra dos bens vindouros, não a imagem real das coisas..." (Hebreus 10:1). Um dia Deus criará um novo Céu e uma nova Terra. "E lhes enxugará dos olhos toda lágrima, e a morte já não existirá, já não haverá luto, nem pranto, nem dor, porque as primeiras coisas passaram" (Apocalipse 21:4).

## Será que está certo?

Alguns leitores se perguntam se C. S. Lewis usa o personagem Emeth para explicar que todas as religiões levam ao único e verdadeiro Deus, e que qualquer pessoa sincera em suas crenças encontrará seu caminho para o Céu. Nada poderia estar mais longe da verdade (note como Aslam respondeu à pergunta de Emeth quanto a ele e Tash serem uma e a mesma pessoa). Sabemos que C. S. Lewis cria que a fé em Jesus Cristo é a única maneira de alguém ser salvo (Veja João 14:6). O caráter de Emeth ilustra a verdade encontrada em Jeremias 29:13 — "Buscar-me-eis e me achareis quando me buscardes de todo o vosso coração". Deus é tão misericordioso! Ele se revela aos que verdadeiramente o buscam, mesmo que venham de direções erradas. Essa foi certamente a experiência de Lewis, que encontrou Deus após ser ateu por 30 anos.

## Textos sobre buscar e achar

- Mateus 7:7-8
- Salmo 105:3
- Provérbios 8:17,35

# 16. Adeus às Terras Sombrias

*Nem olhos viram, nem ouvidos ouviram,*
*nem jamais penetrou em coração humano*
*o que Deus tem preparado para aqueles que o amam.*
—1 Coríntios 2:9

## PARALELOS E PRINCÍPIOS BÍBLICOS

- Os amigos percebem que não importa o que façam, não sentem calor, nem cansaço ou falta de ar. Também não podem sentir medo. Apocalipse 21:3-4 nos revela que o Céu será muito diferente de nossa experiência aqui nesta vida: "Eis o tabernáculo de Deus com os homens. Deus habitará com eles. Eles serão povos de Deus, e Deus mesmo estará com eles. E lhes enxugará dos olhos toda lágrima, e a morte já não existirá, já não haverá luto, nem pranto, nem dor, porque as primeiras coisas passaram". E Apocalipse 22:4-5 acrescenta: "contemplarão a sua face [...] Então, já não haverá noite...".

- Devemos prestar atenção tanto na terra como no céu ao chamado para irmos "acima e avante". Em Filipenses 3:13-14, o apóstolo Paulo declarou: "Esquecendo-me das coisas que atrás ficam, e avançando para as que diante de mim estão; prossigo para o alvo, para o prêmio da soberana vocação de Deus em Cristo Jesus". Hebreus 12:1-2 diz: "Portanto, também nós, visto que temos a rodear-nos tão grande nuvem de testemunhas, desembaraçando-nos de todo peso e do pecado que tenazmente nos assedia, corramos, com perseverança, a carreira que nos está proposta, olhando firmemente para o Autor e Consumador da fé, Jesus...".

- Os reis e rainhas se juntam a uma festiva procissão que segue em frente com Aslam e entram cada vez mais no interior de seu glorioso país. A Bíblia diz que este é o destino de todos os cristãos verdadeiros. "Vós, porém, sois raça eleita, sacerdócio real, nação santa, povo de propriedade exclusiva de Deus, a fim de proclamardes as virtudes daquele que vos chamou das trevas para a sua maravilhosa luz" (1 Pedro 2:9). "Graças, porém, a Deus, que, em Cristo, sempre nos conduz em triunfo e, por meio de nós, manifesta em todo lugar a fragrância do seu conhecimento" (2 Coríntios 2:14). "…também com ele reinaremos…" (2 Timóteo 2:12), "…pelos séculos dos séculos" (Apocalipse 22:5).

### *Pense nisto!*

Os amigos descobrem que "todo mundo que se possa imaginar" — todos "os grandes heróis de Nárnia" — os esperam no país de Aslam. A Bíblia fala que nós temos "uma grande nuvem de testemunhas" nos animando em nossa corrida de fé. Eles esperam para nos receber no Céu. Você pode citar alguns destes heróis de nossa fé?

(DICA: LEIA HEBREUS 11:1-40; 12:1)

### *Textos sobre prosseguir, insistir*

- 1 Coríntios 9:24-27
- Efésios 3:14-21
- Apocalipse 22:12-13

# Epílogo

Em *A Última Batalha*, o livro final de *As Crônicas de Nárnia*, Pedro, Lúcia e os outros estão muito confusos. Eles acabaram de ver a completa destruição de Nárnia, no entanto, ainda se encontram numa terra muito parecida com ela — só que melhor! Lorde Digory é o primeiro a perceber a situação:

> "Ouça, Pedro. Quando Aslam disse que vocês nunca mais poderiam voltar a Nárnia, ele se referia à Nárnia em que vocês estavam pensando. Aquela, porém, não era a verdadeira Nárnia. Ela teve um começo e um fim. Era apenas uma sombra, uma cópia da verdadeira Nárnia que sempre existiu e sempre existirá aqui… Lúcia, você não precisa prantear Nárnia. Todas as criaturas queridas, tudo o que importava da velha Nárnia foi trazido aqui para a verdadeira Nárnia, através daquela Porta."

Foi o unicórnio quem resumiu o que todos estavam sentindo. Cravou a pata dianteira no chão, relinchando, e depois exclamou: "Finalmente voltei para casa! Este, sim, é o meu verdadeiro lar! Aqui é o meu lugar. É esta a terra pela qual tenho aspirado a vida inteira, embora até agora não a conhecesse. A razão por que amávamos a antiga Nárnia é que ela, às vezes, se parecia um pouquinho com isto aqui".

E acrescentou, soltando um longo relincho: "Avancemos! Continuemos subindo!".

Ao chamado do Unicórnio, os Sete Reis e Rainhas e seus amigos começaram a correr mais para o interior do país. Entretanto, por mais longe que fossem eles descobriam que sempre havia mais para avançar. E repetidas vezes ouve-se o chamado: Subamos e avancemos!

> Toda a vida deles neste mundo e todas as suas aventuras em Nárnia haviam sido apenas a capa e a primeira página do livro. Agora, finalmente, estavam começando o Capítulo Um da Grande História que ninguém na terra jamais leu: a história que continua eternamente e na qual cada capítulo é muito melhor do que o anterior.

Agora vivemos naquilo que C. S. Lewis chamou de "Terras Sombrias". Nossa vida aqui na Terra é só uma cópia pálida — uma imitação imperfeita e falha — do que virá. E o que pensamos ser o fim (a morte) na realidade é apenas o começo. "Nem olhos viram, nem ouvidos ouviram, nem jamais penetrou em coração humano o que Deus tem preparado para aqueles que o amam" (1 Coríntios 2:9).

Em *A Viagem do Peregrino da Alvorada* (o quinto livro de *As Crônicas*), Aslam diz a duas crianças Pevensie que suas aventuras em Nárnia chegaram ao fim, entristecendo-as sobremaneira.

—Nosso mundo é Nárnia — soluçou Lúcia.
—Como poderemos viver sem vê-lo?
—Você há de encontrar-me, querida — disse Aslam.

—Está também em nosso mundo? — perguntou Edmundo.

—Estou. Mas tenho outro nome. Têm de aprender a conhecer-me por esse nome. Foi por isso que os levei a Nárnia, para que, conhecendo-me um pouco, venham a conhecer-me melhor.

Diferente da vida nas Terras Sombrias, nossas aventuras no Céu nunca terminarão. Mas nossa jornada começa aqui e agora. Deus nos dá este tempo nas Terras Sombrias para que conhecendo-o um pouco por aqui, possamos conhecê-lo melhor na eternidade.

A verdade é que nunca compreenderemos Deus totalmente. Não importa o quanto fiquemos mais velhos, não importa o quanto caminhemos com Ele, nunca aprenderemos tudo sobre Deus. Nunca saberemos tudo que há para saber. Sempre haverá algo mais, mais profundo, mais verdadeiro do que já experimentamos. "Invoca-me, e te responderei; anunciar-te-ei coisas grandes e ocultas, que não sabes" (Jeremias 33:3).

Ao crescermos na fé, crescemos na capacidade de conhecer e entender quem Deus é. Crescemos em nossa capacidade de receber o que Ele tem para nos dar. Crescemos na gratidão por tudo o que Ele é e por tudo o que tem feito por nós.

Através de orações, desejo que este guia para *As Crônicas de Nárnia* — e a Palavra de Deus que as inspirou — o encoraje e fortaleça em sua jornada pessoal de fé.

Quanto mais aprendemos, mais rico, pleno e profundo nosso relacionamento com Deus se torna. Ele ainda nos encoraja: "Continuem avançado! Continuem subindo!".

Em 1955, um garoto de nove anos chamado Lourenço, começou a ler *As Crônicas de Nárnia*. Ele preocupou-se muito, como confessou à sua mãe, pois achava que amava mais a Aslam do que a Jesus. Ele estava com muito medo de que isto o tornasse um adorador de ídolos. A mãe dele, não sabia bem o que dizer; então, decidiu escrever uma carta para C. S. Lewis, através de seu editor, para pedir seus conselhos. Dez dias mais tarde ela recebeu a seguinte resposta:

Cara Senhora K,
Fale a Lourenço em meu nome, com meu carinho:
1) Mesmo que ele estivesse amando Aslam mais do que a Jesus (eu explicarei em um minuto porque ele realmente não pode realmente estar fazendo isso) não seria um idólatra. Se ele fosse um idólatra, estaria fazendo de propósito, porém ele está fazendo isto agora, porque não pode evitar e está tentando não fazer. Mas Deus sabe como para nós é difícil amá-lo acima de qualquer pessoa ou coisa, e Ele não se zangará conosco enquanto estivermos tentando. Ele nos ajudará.
2) Mas Lourenço não pode realmente amar Aslam mais do que a Jesus, mesmo que ele sinta que é isto que está fazendo. Pois ele ama as coisas que Aslam faz e diz, e elas são simplesmente as coisas que Jesus realmente fez e disse. Então, quando Lourenço pensa que está amando Aslam, na realidade é a Jesus a quem ele está amando: e talvez amando-o como nunca amou antes. É claro que há uma coisa que Aslam tem que Jesus não tem — o corpo de um leão (mas lembre-se, se há outros mundos e eles precisam ser salvos, e para salvá-los Jesus teria corpos neles que nem podemos imaginar). Agora, se Lourenço está incomodado porque

acha que o corpo de leão é mais bonito do que o corpo de homem, eu não acho que haja necessidade de ficar preocupado. Deus sabe tudo sobre como a imaginação de um garoto funciona (afinal foi ele quem o criou) e sabe que numa certa idade a ideia de falar com animais e ser amigo deles é muito atraente. Eu não acho que Ele se importa se Lourenço gosta do corpo de leão. E, de qualquer forma, crescendo, Lourenço vai descobrir que o sentimento (de gostar mais do corpo de leão) vai morrer sem ele se dar conta disso. Então ele não precisa se preocupar.

3) Se eu fosse Lourenço, em minhas orações diria algo assim: "Querido Deus se as coisas que eu tenho pensado e sentido sobre aqueles livros não lhe agradam e são ruins, por favor, tire esses sentimentos e pensamentos de mim. Mas se eles não são maus, por favor, retire a minha preocupação com eles. E ajuda-me a cada dia amá-lo mais de uma forma significativa, muito mais do que sentimentos ou imaginações, fazendo o que o Senhor quer e me tornando mais como o Senhor". Isto é o tipo de coisa que eu acho que Lourenço deve dizer a si mesmo; mas seria muito bom e cristão se ele acrescentasse, "e se o Sr. Lewis deixou outras crianças preocupadas por causa de seus livros ou lhes tenha causado algum dano, por favor o perdoe e não permita que ele faça isso de novo".

Será que isso ajuda? Eu fico muito chateado de ter provocado tal problema e lhe agradeceria se me escrevesse de novo para me contar como Lourenço está indo. Eu o mencionarei em minhas orações diariamente. Ele deve ser um menino formidável; espero que você esteja preparada para ele tornar-se um santo. Eu me atrevo a dizer que as mães dos santos, de alguma forma, passam por dificuldades!

> Sinceramente,
> —C. S. Lewis

Não há dúvida de que *As Crônicas de Nárnia* influenciaram muitos futuros "santos" — ajudando inúmeros jovens preciosos (e adultos também) a compreender algumas verdades mais profundas da fé cristã. E sim, muitos de nós — amando Aslam — aprendemos a amar Jesus mais do que amávamos.

Lewis escrevia cartas assiduamente. Durante anos ele respondeu dúzias de cartas de crianças que amavam Nárnia e lhe escreviam para perguntar sobre a série (eles frequentemente incluíam desenhos de seus personagens e cenas favoritas). "Por que Ripchip fez isto?" "O que Aslam quis dizer com isso?" "Quando o próximo livro vai sair?" Pouco menos de um mês antes de morrer, Lewis escreveu a seguinte carta para uma garotinha chamada Ruth. De alguma forma suas palavras pareciam uma despedida carinhosa e adequada para todos nós, seus devotos leitores.

> Querida Ruth,
> Muito obrigado por sua bondosa carta, foi muito bom você ter-me escrito que gosta dos meus livros; e que boa carta para alguém da sua idade!
> Se você continuar a amar Jesus, pouca coisa dará errado em sua vida e espero que você possa

continuar assim sempre. Sou tão grato por você ter percebido a "história escondida" nos livros de Nárnia. É esquisito que as crianças quase sempre percebem, enquanto os adultos quase nunca.

Eu sinto muito, mas acho que a série sobre Nárnia chegou ao fim, e fico triste em dizer-lhe que você não precisa esperar por outro livro.

Deus a abençoe<br>
Sinceramente,<br>
—C. S. Lewis

---

\* As cartas de Lewis citadas aqui, foram extraídas de *Cartas às Crianças*, de C. S. Lewis, editado por Lyle W. Dorsett e Marjorie Lamp Mead (New York: Touchstone/Simon & Schuster, 1985).

# Índice das Escrituras

| Gênesis | p. |
|---|---|
| 1:1-10,14-19 | 34 |
| 1:2-3 | 34 |
| 1:9-11,20-25 | 35 |
| 1:24 | 35 |
| 1:27 | 144 |
| 1:28 | 40 |
| 1:31 | 35 |
| 2:7 | 36,82 |
| 2:9 | 44 |
| 2:15 | 40 |
| 2:19 | 35 |
| 2:19-20 | 40 |
| 2:20-23 | 39 |
| 3:1-6 | 229 |
| 3:5 | 43 |
| 3:6 | 43 |
| 3:8-13 | 38 |
| 3:14-19 | 58 |
| 3:15 | 22,39 |
| 3:19 | 37 |
| 3:20 | 58,68 |
| 4:6-7 | 112 |
| 6:19 | 35 |
| 6–7 | 35 |
| 17:5,15-16 | 42 |
| 32:28 | 42 |
| 50:19-20 | 111 |

| Êxodo | p. |
|---|---|
| 2:11-12 | 216,217 |
| 3:13-14 | 107 |
| 5:1-19 | 218 |
| 15:1-13 | 142 |
| 15:1-21 | 204 |
| 17:1-6 | 120 |
| 19:18 | 230 |
| 19–20 | 230 |
| 20:1-17 | 74 |
| 20:18-19 | 230 |
| 21:2-11 | 154 |
| 21:16 | 154 |
| 22:18 | 31 |
| 23:27 | 141 |
| 24:12 | 74 |
| 33:18-23 | 207 |
| 34:29-33 | 139 |

| Levítico | p. |
|---|---|
| 17:11 | 76 |
| 19:34 | 125 |
| 25:35-55 | 154 |

| Números | p. |
|---|---|
| 22:21-34 | 95 |
| 31:3 | 207 |

| Deuteronômio | p. |
|---|---|
| 4:29 | 92 |
| 6:6-9 | 180,184 |
| 7:16 | 31 |
| 7:21 | 55,73 |
| 8:2 | 103,104 |
| 9:1-4 | 207 |
| 10:4 | 74 |
| 13:4 | 215 |
| 15:12-18 | 154 |
| 18:10-12 | 59,182 |
| 24:7 | 154 |
| 28:58 | 65 |
| 29:29 | 56 |
| 30:11,15-16 | 166 |
| 30:15-18 | 186 |
| 30:15-20 | 37 |
| 30:19-20 | 142 |
| 33:27 | 230 |

| Josué | p. |
|---|---|
| 1:2 | 175 |
| 1:8 | 186 |
| 1:9 | 74, 121,189 |
| 24:14-15 | 144 |

| Juízes | p. |
|---|---|
| 4:4-10 | 163 |

| 1 Samuel | p. |
|---|---|
| 15:3 | 207 |
| 16:7 | 97,164 |
| 21:10-15 | 194 |
| 26:12 | 168 |

| 2 Samuel | p. |
|---|---|
| 9:7 | 152 |
| 22:2-3 | 203 |
| 22:3 | 128 |

| 1 Reis | p. |
|---|---|
| 2:2 | 73 |
| 8:17-19 | 176 |
| 17:2-6 | 171 |
| 18:1-4,19,40 | 33 |
| 18:4 | 127 |
| 19:1-2 | 33 |
| 19:14-18 | 127 |
| 21:1-23 | 33 |

| 1 Crônicas | p. |
|---|---|
| 16:11 | 188 |
| 28:9 | 214 |

| 2 Crônicas | p. |
|---|---|
| 7:14 | 113,188 |
| 18:30-34 | 110 |
| 19:6 | 28 |
| 34 | 118 |
| 34:2-3 | 118 |
| 34:33 | 118 |

| Jó | p. |
|---|---|
| 1–2 | 76 |
| 3:8 | 158 |
| 4:12-13 | 167 |
| 19:19 | 62 |
| 32:6-9 | 27 |
| 38:4,7 | 34 |
| 38:7 | 171 |
| 40:15-24 | 158 |
| 41:1 | 161 |
| 41:14 | 161 |
| 41:25,31-32 | 161 |

| Salmos | p. |
|---|---|
| 1 | 47 |
| 2:7-9 | 66 |
| 4:8 | 99,170 |
| 5:9 | 71,195 |
| 8:1 | 65 |
| 8:3-9 | 36 |
| 10:2 | 23,195 |
| 10:3 | 25 |
| 12:1-2 | 24 |
| 16:11 | 132 |
| 17:6-8 | 42 |
| 17:6-9 | 127 |
| 18:16 | 149 |
| 18:28 | 168 |
| 18:32-39 | 129 |
| 18:34-38 | 74 |
| 19:1-6 | 36 |
| 19:6 | 173 |
| 19:7-10 | 77,166 |
| 19:7-11 | 193 |
| 21:1-2 | 205 |
| 22:13 | 99 |
| 23 | 110 |
| 23:1-3 | 120 |
| 23:5-6 | 233 |
| 27:1-3 | 74 |
| 27:1-6 | 122 |
| 27:7-8 | 188 |
| 27:8 | 239 |
| 27:9 | 220 |
| 27:13 | 137 |
| 30:11-12 | 204 |
| 31:5 | 230 |
| 31:17-18 | 229 |
| 31:24 | 189 |
| 32:6-7 | 203 |
| 32:7 | 127 |
| 32:9 | 93 |
| 33:20-22 | 138 |
| 34:4 | 99 |
| 34:4-5,8 | 48 |
| 34:4-8 | 221 |
| 34:5 | 75,96,161 |
| 34:6 | 167 |
| 34:7 | 110 |

| | | | | | |
|---|---|---|---|---|---|
| 34:17 | 57 | 99:3 | 55,73 | 4:25-26 | 131 |
| 37 | 30 | 100:5 | 67 | 5:3 | 199 |
| 37:4 | 61 | 102:1-2,6-7 | 187 | 5:22 | 153 |
| 37:4-5 | 46 | 103:8-12 | 205 | 6:12-14 | 193 |
| 37:23-24 | 109 | 103:8,13-14 | 195 | 6:12-15 | 225 |
| 37:39-40 | 161 | 103:13 | 23 | 6:16-19 | 102 |
| 38:4 | 58,159 | 103:13-14 | 41,42 | 7:21 | 199 |
| 38:4,6,8,10-11 | 157 | 104:24-26 | 150 | 7:26 | 199 |
| 38:11 | 99 | 104:26 | 158 | 8:17,35 | 240 |
| 40:1-2 | 57 | 105:3 | 240 | 9:17 | 60 |
| 41:1 | 223 | 105:4 | 75 | 9:17-18 | 43 |
| 41:9 | 99 | 107:8-9 | 120 | 10:7 | 29 |
| 42:1-2 | 120 | 107:28-30 | 156 | 10:19 | 100,103,191 |
| 42:1-3 | 183 | 110:1 | 66 | 10:24 | 123 |
| 42:4-5 | 121 | 111:10 | 98,215 | 11:2 | 95 |
| 42:11 | 193 | 112:9 | 128 | 11:3 | 139 |
| 43:3 | 181 | 113:3 | 65 | 11:8 | 122,207 |
| 44:19 | 99 | 116:11 | 83 | 11:9 | 195 |
| 46:1 | 167 | 116:15 | 227 | 11:12 | 59 |
| 46:2,7 | 202 | 119:2 | 194 | 11:13 | 124,188 |
| 51 | 58 | 119:9-13 | 185 | 11:14 | 128 |
| 51:4 | 75 | 119:10 | 239 | 11:17 | 62 |
| 55:2-3 | 162 | 119:16,93,109 | 191 | 12:1 | 152 |
| 55:12-14 | 99 | 119:70-71 | 26 | 12:5 | 140 |
| 55:22 | 167 | 119:86 | 57 | 12:10 | 26,72 |
| 56:3 | 168 | 119:97-102 | 185 | 12:16 | 150 |
| 56:5 | 199 | 119:105 | 57 | 12:18 | 62 |
| 56:6 | 23 | 119:118 | 25 | 12:23 | 124,191 |
| 57:4 | 63 | 120:1 | 167 | 12:26 | 64,190 |
| 57:7-9 | 171 | 121 | 57,110 | 13:3 | 124 |
| 59:1-4 | 57 | 124:1 | 109 | 13:10 | 95 |
| 59:6 | 99 | 126:1-5 | 83 | 13:19 | 172 |
| 62:8 | 41 | 126:2 | 37 | 13:20 | 98 |
| 63:1 | 92,183 | 127:1-2 | 170 | 13:24 | 151 |
| 66:1-4 | 83 | 135:6 | 150 | 14:7 | 216 |
| 68:20 | 160 | 139:1-16 | 107,160 | 14:8,16 | 56 |
| 68:24-25 | 73 | 139:7-12 | 197 | 14:12 | 43,160 |
| 69:8-9 | 238 | 139:12 | 168 | 14:15 | 56,120, |
| 71:4-5 | 125 | 139:13 | 160 | | 157,190,222 |
| 71:14 | 158,189 | 139:13,16 | 197 | 14:16 | 28,216 |
| 74:17 | 158 | 139:20 | 65 | 14:17 | 102 |
| 75:6-7 | 105 | 140:1-3 | 31 | 14:18 | 63 |
| 77:1-14 | 221 | 140:11 | 195 | 14:29 | 140 |
| 77:11 | 121 | 141:3 | 191 | 15:12 | 156 |
| 82:5 | 96 | 141:9 | 23,57 | 15:15 | 136 |
| 84:1-2 | 176 | 143:9 | 57,127 | 15:22 | 98,153 |
| 84:1-2,10 | 151,236 | 145:17 | 216,217 | 15:31-32 | 105 |
| 84:2 | 148 | 145:18-19 | 167, | 15:32 | 152 |
| 85:4-7 | 220 | | 182,221 | 16:4,9 | 105 |
| 86:11 | 176 | 148 | 36,142 | 16:18 | 33,91,102,105 |
| 88:3-5 | 99 | 148:1-3 | 170 | 16:19 | 100 |
| 89:8-9 | 156 | | | 16:20 | 193,198 |
| 89:16-17,24 | 128 | *Provérbios* | *p.* | 16:27-30 | 225 |
| 91 | 100 | 1:20-23 | 165 | 17:14 | 186 |
| 91:1-4 | 42 | 2:1-6 | 27 | 17:17 | 23,49 |
| 91:4-5,10 | 99 | 2:1-12 | 196 | 17:19 | 59 |
| 91:5 | 167 | 3:5-6 | 44 | 17:27 | 103,140, |
| 91:14-15 | 198 | 3:13-15 | 27 | | 169,216 |
| 93 | 150 | 3:21-24 | 170 | 17:27-28 | 163 |
| 94:12 | 112,152 | 4:1-5,20-23 | 200 | 18:1 | 155 |
| 95:1-7 | 35 | 4:4-5 | 185 | 18:10 | 222 |
| 97:11-12 | 173 | 4:13-15 | 29 | 18:21 | 59 |
| 98 | 72 | 4:18 | 63 | 19:2 | 70 |
| 99:1-3 | 215 | 4:20-22 | 193 | 19:11 | 108,140 |

| | | | | | |
|---|---|---|---|---|---|
| 19:20 | 153 | 5:21 | 24 | **Jeremias** | **p.** |
| 19:21 | 197 | 5:25 | 25 | 6:16 | 91 |
| 20:3 | 108,169 | 6:1-3 | 73 | 7:34 | 223 |
| 20:5 | 97 | 6:6-7 | 171 | 9:5-6 | 220 |
| 20:18 | 98,128 | 8:12-13 | 122,162 | 9:8 | 57 |
| 20:24 | 107 | 8:19 | 138 | 10:2 | 122 |
| 21:2 | 94 | 8:22 | 223 | 14:14 | 228 |
| 21:10 | 102 | 9:6-7 | 68,77 | 25:30 | 66 |
| 21:15 | 123,141 | 11:10 | 73 | 29:11-14 | 106 |
| 21:23 | 191 | 12:2 | 74,100 | 29:13 | 240 |
| 21:29 | 33 | 14:12-15 | 39,172 | 31:11-13 | 141 |
| 22:3 | 29 | 16:3 | 63 | 31:13 | 204 |
| 22:8 | 33 | 26:3 | 168 | 33:3 | 245 |
| 22:15 | 151 | 26:8 | 236 | | |
| 22:24-25 | 169 | 27:1 | 158 | **Lamentações** | **p.** |
| 23:1-3 | 61 | 30:1-2 | 127 | 3:22-26 | 138 |
| 23:12 | 196 | 30:18 | 137 | 3:25-27,31-33 | 112 |
| 23:13-14 | 151 | 30:19 | 221 | 3:40 | 93 |
| 23:20,33 | 192 | 31:1 | 127 | 3:55 | 197 |
| 23:29-35 | 32 | 31:4 | 82 | | |
| 24:11 | 64,122 | 32:7-8 | 225 | **Ezequiel** | **p.** |
| 24:11-12 | 188,198 | 33:5-6 | 27,122 | 1:4-14 | 73 |
| 25:2 | 23,56 | 35:4,6-7 | 103 | 13:20 | 198 |
| 25:21 | 156,159 | 35:10 | 47,104 | 13:20-21 | 200 |
| 25:28 | 28 | 40:1-5 | 104 | 36:26 | 84,159 |
| 26:24-25 | 140 | 40:28 | 66 | 37:5 | 82 |
| 27:5 | 188 | 40:29-31 | 42,136 | 47:12 | 44 |
| 27:12 | 222 | 41:10 | 122,162 | | |
| 27:17 | 169 | 41:11 | 109 | **Daniel** | **p.** |
| 28:9 | 25 | 42:13 | 83 | 2:22 | 56 |
| 28:13 | 63 | 42:16 | 135,168,194 | 3:16-18 | 201 |
| 28:14 | 68 | 42:21 | 77 | 4 | 112 |
| 28:26 | 26 | 43:1-2,5-7 | 167,201 | | |
| 28:28 | 126 | 43:18 | 75 | **Oseias** | **p.** |
| 29:27 | 24 | 43:18-19 | 49 | 6:1 | 158 |
| 31:10-31 | 101 | 43:25 | 75 | 8:7 | 32 |
| 31:30 | 163 | 44:18 | 38,45 | 10:10-11 | 66 |
| | | 44:19 | 27 | 10:12 | 33 |
| **Eclesiastes** | **p.** | 45:22 | 184 | 10:13 | 33 |
| 3:1-8,11 | 222 | 47:7 | 83 | | |
| 3:11 | 49,139 | 48:17-18 | 193 | **Joel** | **p.** |
| 4:9-11 | 48 | 49:9 | 202 | 2:12-13 | 58 |
| 4:9-12 | 92 | 50:6-7 | 78 | 2:21-27 | 72 |
| 5:2,4-5 | 151 | 52:5 | 65 | 2:30-31 | 212 |
| 5:10 | 36,158 | 52:7 | 70 | 2:31 | 237 |
| 7:21-22 | 164 | 53:3 | 41 | 3:15 | 237 |
| 7:26 | 31 | 53:4 | 76 | | |
| 8:8 | 26 | 53:5 | 81,206 | **Amós** | **p.** |
| 9:17 | 163 | 53:7 | 77,175 | 3:7 | 215 |
| 11:7 | 172 | 54:16-17 | 76 | 3:8 | 82 |
| 11:9 | 56 | 55 | 79 | | |
| | | 55:6 | 132 | **Miqueias** | **p.** |
| **Cântico dos cânticos** | **p.** | 55:6-7 | 92 | 5:2 | 68 |
| 2:1 | 174 | 55:8-9 | 67,134,166 | 6:8 | 45,96 |
| 2:11-12 | 71 | 55:11 | 194 | 7:19 | 197 |
| 6:10 | 170 | 55:12 | 66 | | |
| | | 59:2 | 175 | **Sofonias** | **p.** |
| **Isaías** | **p.** | 59:9 | 196 | 3:17 | 35,61 |
| 1:17 | 63,122 | 61:1 | 198 | | |
| 1:18 | 184 | 61:10 | 61,159 | **Ageu** | |
| 2:6 | 122 | 61:1-2 | 66,82 | 1:5 | 192 |
| 3:9 | 31 | 64:2 | 65 | 1:7 | 27 |
| 3:11 | 123 | 64:6 | 159 | 2:6-7 | 66 |
| 5:20 | 25,102,137 | 65:19 | 66 | | |

| *Zacarias* | *p.* |
|---|---|
| 8:16 | 62 |

| *Malaquias* | *p.* |
|---|---|
| 3:6 | 217,219 |

| *Mateus* | *p.* |
|---|---|
| 2:1-12 | 124 |
| 2:1-8,16 | 104 |
| 4:1-11 | 43 |
| 4:8-9 | 69 |
| 4:11 | 43,74 |
| 5:6 | 121 |
| 5:7 | 156 |
| 5:8 | 238 |
| 5:14 | 228 |
| 5:17-18 | 76,164 |
| 5:38-44 | 64 |
| 5:44 | 158 |
| 6:8 | 41 |
| 6:14-15 | 187 |
| 6:19-21 | 101 |
| 6:22-23 | 24 |
| 7:1 | 164 |
| 7:7 | 41 |
| 7:7-8 | 92,240 |
| 7:15-16 | 196 |
| 7:23 | 152 |
| 8:1-3,13 | 169 |
| 8:23-27 | 156 |
| 8:26 | 169 |
| 9:2,22 | 169 |
| 9:28 | 169 |
| 9:36 | 41,218 |
| 10:16 | 98,157,194 |
| 10:16-22 | 189 |
| 10:34 | 164 |
| 12:18-21 | 68 |
| 12:34 | 15 |
| 13:13 | 45 |
| 13:13-15 | 166,235 |
| 13:34-35 | 49 |
| 13:57-58 | 130 |
| 13:58 | 46 |
| 14:13-21 | 143 |
| 14:15-21 | 84 |
| 14:22-33 | 130 |
| 14:31 | 169 |
| 15:10 | 218 |
| 15:28 | 169 |
| 15:29-38 | 143 |
| 16:1 | 225 |
| 16:17-18 | 42 |
| 16:18-19 | 238 |
| 16:24 | 119 |
| 16:24-27 | 172 |
| 16:25 | 44 |
| 18:6 | 223 |
| 18:15 | 188 |
| 18:21-22 | 187 |
| 20:25-28 | 169 |
| 20:34 | 41 |
| 21:18-22 | 130 |
| 22:1-14 | 144 |
| 22:2-14 | 233 |
| 22:14 | 171 |
| 22:35-40 | 77 |
| 22:54-62 | 63 |
| 23-37 | 41 |
| 24:4 | 23 |
| 24:6-7,29 | 29,30 |
| 24:7-14 | 231 |
| 24:23-27 | 220 |
| 24:29 | 237 |
| 24:30-31 | 236 |
| 24:42 | 153 |
| 24:45-46,50 | 154 |
| 25:14-30 | 155 |
| 25:21 | 45, 136,236 |
| 25:28-29 | 154 |
| 25:31-33 | 237 |
| 25:31-46 | 212 |
| 25:46 | 237 |
| 26:34 | 164 |
| 26:36-38 | 77 |
| 26:41 | 103 |
| 26:50-54 | 164 |
| 26:62-63 | 78 |
| 26:67 | 78 |
| 27:13-14 | 78 |
| 27:24 | 230 |
| 27:28-29 | 78 |
| 27:29-30 | 78 |
| 27:32 | 164 |
| 27:33 | 164 |
| 27:51 | 81 |
| 27:52 | 81,82 |
| 27:55-56 | 79 |
| 28:2 | 79 |
| 28:9 | 85 |
| 28:11-15 | 137 |
| 28:18 | 233 |
| 28:20 | 167 |

| *Marcos* | *p.* |
|---|---|
| 1:10-11 | 168 |
| 1:41 | 41 |
| 3:11 | 67 |
| 3:11-12 | 153 |
| 3:21 | 62 |
| 4:33-34 | 49 |
| 6:5 | 46 |
| 6:35-44 | 84 |
| 9:24 | 169 |
| 12:28-31 | 26 |
| 12:30 | 176 |
| 13:5-6 | 211,215 |
| 13:7-8 | 215 |
| 13:13 | 236 |
| 13:22-23 | 217 |
| 13:25 | 237 |
| 13:33-35 | 108 |
| 14:3-9 | 47 |
| 15:40 | 79 |
| 16:1-2 | 79 |
| 16:9-14 | 85 |
| 16:10-11 | 132 |
| 16:17 | 233 |
| 25:12-13 | 155 |

| *Lucas* | *p.* |
|---|---|
| 1:67-75 | 128 |
| 2:1-20 | 71 |
| 2:29-30 | 65 |
| 4:5-6 | 77 |
| 4:17-21 | 155 |
| 5:18-26 | 143 |
| 7:13 | 41 |
| 9:12-17 | 84 |
| 9:41 | 169 |
| 10:17 | 67,233 |
| 10:18 | 39,172 |
| 10:38-42 | 119,144 |
| 11:16 | 225 |
| 12:15 | 158,161 |
| 12:51-53 | 133 |
| 13:34 | 234,235 |
| 14:15-23 | 144 |
| 14:16-24 | 233 |
| 14:25-33 | 189 |
| 16:10 | 155 |
| 16:26 | 175 |
| 17:3-4 | 64 |
| 17:11-19 | 225 |
| 18:16 | 218 |
| 18:18-30 | 101 |
| 19:10 | 159 |
| 19:41-42 | 235 |
| 20:9-16 | 152 |
| 21:16 | 69 |
| 21:17-19 | 227 |
| 21:19 | 236 |
| 21:25 | 237 |
| 22:3-6 | 69 |
| 22:31-32 | 76 |
| 22:54-62 | 63 |
| 22:61-62 | 184 |
| 22:69-70 | 66 |
| 23:8-9 | 78 |
| 23:43 | 233 |
| 23:46 | 201 |
| 23:36-45 | 123 |
| 24:10-11 | 132 |
| 24:13-35 | 106 |
| 24:15 | 106 |
| 24:27 | 106 |
| 24:36-43 | 113 |
| 24:37-39 | 80 |

| *João* | *p.* |
|---|---|
| 1:1-3 | 34,196 |
| 1:1-13 | 34 |
| 1:10-11 | 185 |
| 1:14 | 39 |
| 1:29 | 175 |
| 2:7-11 | 142 |
| 2:18 | 225 |
| 3:3-6 | 159 |
| 3:16 | 44,164 |
| 3:16-17 | 81 |
| 3:16-18 | 100,144 |

| | | | | | |
|---|---|---|---|---|---|
| 3:20 | 35,68,102 | 4:13 | 139 | 12:2 | 94 |
| 4:4-14 | 183 | 5:30-31 | 77 | 12:3 | 95,143 |
| 4:6-14 | 108 | 8:26-39 | 239 | 12:9-21 | 148 |
| 4:13-14 | 121,142,181 | 9:1-19 | 182 | 12:10 | 214 |
| 6:1-14 | 84 | 9:18 | 148 | 12:10-16 | 151 |
| 6:15,66 | 127 | 10:35 | 238 | 12:13 | 125 |
| 7:3-5 | 60 | 12:1-16 | 204 | 12:15 | 72 |
| 7:4-5 | 225 | 13:9-11 | 231 | 13:9-11 | 230 |
| 7:24 | 56 | 14:23 | 201 | 13:11 | 134 |
| 7:37-38 | 172 | 16:9-10 | 221 | 13:11-12 | 109,224 |
| 8:11 | 184 | 16:10 | 222 | 13:12 | 128 |
| 8:12 | 57,97,168 | 17:24-25 | 182 | 14:1 | 223 |
| 8:31-32 | 199 | 17:27 | 92 | 14:8 | 200,202, |
| 8:34-36 | 153 | 19:13-15 | 226 | | 229,230 |
| 8:44 | 55,69,188, | 20:32 | 201 | 14:9 | 206 |
| | 204,227,233 | 27:13-44 | 156 | 15:1 | 223 |
| 9:4 | 205,224 | | | 16:18 | 24,61,199 |
| 10:7-10 | 42 | **Romanos** | **p.** | | |
| 10:10 | 66,188,204 | 1:1 | 140 | **1 Coríntios** | **p.** |
| 10:16 | 85,141 | 1:16-17 | 126 | 1:10 | 189 |
| 11:1-44 | 206 | 1:18 | 124,231 | 1:18 | 102 |
| 11:33,35 | 41,206 | 1:18-25 | 38 | 1:20-21,25-28 | 166 |
| 11:35 | 41,206 | 1:18-32 | 131 | 1:26-27 | 130 |
| 12:23,27-28 | 78 | 1:20 | 165 | 2:6-8 | 80 |
| 13:3-7 | 169 | 1:21,25 | 125 | 2:7-13 | 57 |
| 13:22-25 | 134 | 1:28 | 224 | 2:9 | 46,174, |
| 13:25 | 143 | 1:28-29 | 131 | | 213,240,244 |
| 13:34-35 | 60 | 1:29-31 | 29 | 2:10-14 | 134 |
| 14:6 | 183,240 | 2:5 | 68 | 2:14 | 23,37 |
| 14:14 | 198 | 2:5-11,16 | 238 | 3:19 | 25 |
| 14:15 | 84,198 | 2:12 | 75 | 4:5 | 197 |
| 14:15-27 | 198 | 3:4 | 217 | 8:2 | 94 |
| 14:21 | 47 | 3:10-11 | 159 | 8:6 | 34 |
| 14:27 | 168 | 3:10-11,23 | 223 | 9:19 | 159 |
| 15:13 | 77 | 3:11 | 184 | 9:24-27 | 242 |
| 15:16 | 144,184 | 3:23 | 175 | 10:12 | 143 |
| 15:18-21 | 189 | 3:23-26 | 81 | 10:13 | 29 |
| 16:33 | 100 | 5:3-5 | 119 | 12:4-31 | 110 |
| 17:5 | 34 | 5:6-8 | 159 | 12:8-11,28-31 | 130 |
| 18:4-6 | 66 | 5:7-8 | 80 | 12:11 | 70 |
| 19:25 | 79 | 5:8 | 55 | 12:18 | 71 |
| 19:38-42 | 79 | 5:12 | 22,38 | 12:26 | 130 |
| 20:10-16 | 79 | 5:12-19 | 58 | 12:27 | 70 |
| 20:14,19,26 | 85 | 5:19 | 144 | 12:28 | 70 |
| 20:19-20 | 113 | 6:6 | 159 | 13 | 60 |
| 20:21-22 | 80,206,239 | 6:12-13 | 29 | 13:1-8 | 26 |
| 20:22 | 36,82,136 | 6:23 | 54,75 | 13:4-5 | 186 |
| 20:24-29 | 110 | 7:7 | 165 | 13:12 | 160 |
| 20:29 | 118, | 7:24 | 157 | 15:21-22 | 39 |
| | 125,230 | 8:5 | 68 | 15:33 | 32 |
| 20:31 | 198 | 8:7 | 34,68 | 15:51-52 | 197 |
| 21:1-4 | 85 | 8:18-25 | 138 | 15:52 | 237 |
| 21:4,12 | 175 | 8:19 | 65 | 15:54 | 81 |
| 21:15-23 | 107,111 | 8:19-21 | 54,202 | 15:55-58 | 229 |
| 21:22 | 107,111,133 | 8:22 | 202 | 15:58 | 62 |
| | | 8:28 | 90,198 | 16:13 | 191,231 |
| **Atos** | **p.** | 8:28,35-39 | 107 | 16:13-14 | 24 |
| 1:8 | 207,228 | 8:31-37 | 129 | | |
| 2:2-4 | 36 | 10:8-10 | 228 | **2 Coríntios** | **p.** |
| 2:24 | 81 | 10:11 | 84 | 1:1 | 140 |
| 2:37-38 | 159 | 11:33-34 | 67 | 1:9-10 | 203 |
| 3:6-16 | 66 | 11:34-35 | 67,166 | 1:10 | 189 |
| 3:16 | 198 | 11:33-36 | 57,134,166 | 2:11 | 204 |
| 3:19 | 40,58,194 | 12:1-2 | 182 | 2:14 | 242 |

| | | |
|---|---|---|
| 2:15-16 | 46 | |
| 3:18 | 85,139,164 | |
| 4:4 | 102 | |
| 4:6 | 164,173 | |
| 4:8-17 | 229 | |
| 4:16 | 171 | |
| 4:16-18 | 192,203 | |
| 4:17 | 181 | |
| 5:1-10 | 201 | |
| 5:7 | 126,169,182,229 | |
| 5:9 | 201 | |
| 5:10 | 238 | |
| 5:17 | 45,91,149,160 | |
| 5:17-19 | 175 | |
| 6:14-16 | 218 | |
| 6:17 | 93 | |
| 7:10 | 40,58,194 | |
| 9:6-11 | 101 | |
| 10:3-5 | 71,109 | |
| 10:4-5 | 180,199 | |
| 11:3 | 214 | |
| 11:4-13-14 | 219 | |
| 11:14 | 188,204 | |
| 11:14-15 | 60,180, 191,196 | |
| 12:9 | 181 | |
| 12:9-10 | 143,205 | |
| 12:10 | 22 | |

**Gálatas** *p.*
| | |
|---|---|
| 1:1 | 140 |
| 1:11-12 | 200 |
| 2:20 | 169 |
| 3:13 | 55,81,164 |
| 3:24 | 165 |
| 3:26-28 | 94 |
| 3:28 | 154 |
| 5:13 | 169,214 |
| 5:13-15 | 63 |
| 5:16,19-25 | 69 |
| 5:22-23 | 103 |
| 6:1 | 188 |
| 6:7 | 91 |
| 6:7-9 | 33 |
| 6:9 | 104,222 |
| 6:10 | 108,222 |

**Efésios** *p.*
| | |
|---|---|
| 1:1 | 140 |
| 1:3-8 | 207 |
| 1:7 | 219 |
| 2:8-9 | 159 |
| 3:9 | 34 |
| 3:14-21 | 242 |
| 3:17-19 | 132 |
| 4:2 | 96,156 |
| 4:8-10 | 81 |
| 4:11-16 | 234 |
| 4:14 | 223 |
| 4:17-24 | 38 |
| 4:18 | 37,102, 124,156 |
| 4:22-24 | 45,182 |
| 4:26-27 | 31 |
| 4:26-27,31-32 | 186 |
| 4:27 | 31 |
| 4:31;5:2 | 138 |
| 4:32 | 64 |
| 5:8 | 97 |
| 5:8-11,15-16 | 124 |
| 5:8-12 | 224 |
| 5:11-12 | 32 |
| 5:15-16 | 24,27,190 |
| 5:15-17 | 194,222 |
| 5:19-20 | 35 |
| 5:21 | 170 |
| 5:25-27 | 159 |
| 6:5-9 | 154 |
| 6:10 | 162,200 |
| 6:10-13 | 191 |
| 6:10-18 | 71,109, 200,232 |
| 6:11-12 | 83,126 |
| 6:12 | 27,119,227 |
| 6:14-16 | 199 |

**Filipenses** *p.*
| | |
|---|---|
| 1:19-26 | 201 |
| 1:21 | 200,202,229 |
| 1:27 | 236 |
| 1:27-28 | 162 |
| 2:4 | 72 |
| 2:5-11 | 94 |
| 2:9-11 | 40,66, 176,197 |
| 2:13 | 181,184,205 |
| 2:14 | 190 |
| 2:15 | 97 |
| 3:3 | 143 |
| 3:7-11 | 236 |
| 3:7-14 | 136 |
| 3:13-14 | 105,241 |
| 3:18-19 | 30 |
| 3:19 | 214 |
| 4:8-9 | 200 |
| 4:9 | 190 |

**Colossenses** *p.*
| | |
|---|---|
| 1:1 | 140 |
| 1:12 | 168 |
| 1:13 | 168,203 |
| 1:13-14 | 55 |
| 1:15-16 | 34,165 |
| 1:19-20 | 206,219 |
| 1:23 | 236 |
| 2:2-3 | 57 |
| 2:6-7 | 160 |
| 2:6-8 | 94 |
| 2:8 | 150,194 |
| 2:10,12 | 159 |
| 2:13-15 | 170 |
| 2:17 | 239 |
| 3:7-8 | 93 |
| 3:9-10 | 45 |
| 3:12 | 59 |
| 3:13 | 31,187 |
| 3:25 | 111 |

**1 Tessalonicenses** *p.*
| | |
|---|---|
| 4:6 | 214 |
| 4:16 | 237 |
| 4:16-17 | 197 |
| 5:1-8 | 224 |
| 5:5 | 199 |
| 5:6 | 104 |
| 5:14 | 223 |
| 5:15 | 59 |

**2 Tessalonicenses** *p.*
| | |
|---|---|
| 1:8-9 | 232 |
| 1:9 | 30 |
| 2:8 | 67 |
| 2:15 | 236 |

**1 Timóteo** *p.*
| | |
|---|---|
| 1:9-10 | 155 |
| 1:15-17 | 44 |
| 1:17 | 165 |
| 1:19 | 62 |
| 1:20 | 232 |
| 2:9-10 | 33 |
| 4:1 | 25,227 |
| 4:10 | 189 |
| 6:9 | 160 |
| 6:9-10 | 36,158 |
| 6:12 | 129 |
| 6:12-16 | 232 |
| 6:17-19 | 100 |

**2 Timóteo** *p.*
| | |
|---|---|
| 1:1 | 140 |
| 1:12 | 180,199 |
| 1:12-14 | 201 |
| 2:11-13 | 126 |
| 2:12 | 242 |
| 2:13 | 217 |
| 2:22-26 | 69 |
| 2:23-24 | 190 |
| 2:23-26 | 161 |
| 3:1-4 | 131 |
| 3:1-5 | 32,47 |
| 3:12-13 | 226 |
| 3:16-17 | 194 |
| 4:2 | 151 |
| 4:3-4 | 228 |
| 4:7 | 148 |
| 4:7-8 | 235 |
| 4:18 | 233 |

**Tito** *p.*
| | |
|---|---|
| 1:1 | 140 |
| 3:5 | 159 |

**Filemon** *p.*
| | |
|---|---|
| 12-16 | 154 |

**Hebreus** *p.*
| | |
|---|---|
| 1:1-2 | 34,218 |
| 2:1 | 192 |
| 4:12 | 71 |
| 4:13 | 184 |
| 6:11-12 | 190 |

| | | | | | |
|---|---|---|---|---|---|
| 8:5 | 239 | 4:7 | 28,216,222 | 1:14-17 | 239 |
| 9:14 | 81 | 4:9 | 125 | 1:18 | 206,238 |
| 9:22 | 54,75,206 | 4:12 | 104 | 2:10 | 212,228 |
| 9:27-28 | 100 | 5:5-7 | 113 | 2:24 | 25 |
| 10:1 | 239 | 5:5-9 | 69 | 3:19 | 163,194 |
| 10:16 | 165 | 5:6 | 105 | 3:20 | 142,172, |
| 10:24 | 169 | 5:8 | 69,108, | | 184,233 |
| 11 | 126,231 | | 126,157,191 | 4:6-8 | 73 |
| 11:1 | 118,125 | 5:8-9 | 24 | 5:5 | 66,83,175 |
| 11:1-40 | 241 | 5:9 | 133 | 5:6-14 | 175 |
| 11:13-16 | 173 | | | 5:9 | 141,207,233 |
| 11:32-40 | 104 | *2 Pedro* | *p.* | 5:11-13 | 35 |
| 12:1 | 105,242 | 1:2-3 | 161,217 | 6:12 | 238 |
| 12:1-2 | 241 | 1:5-11 | 160,234 | 7:10,17 | 175 |
| 12:1-3 | 135 | 1:16 | 123,137 | 7:12 | 166 |
| 12:4-13 | 136 | 1:16-19 | 200 | 7:16-17 | 121 |
| 12:5-11 | 112 | 2:3,10-13 | 225 | 8:2 | 237 |
| 12:6,10-11 | 111 | 2:17-19 | 153 | 9:1 | 172 |
| 12:10 | 166 | 2:18 | 61,195 | 11:17-18 | 142 |
| 12:21 | 73 | 2:19 | 68 | 12:3-4,9 | 172 |
| 13:2 | 125,187 | 3:8 | 139,165 | 12:9 | 188 |
| 13:3 | 63 | 3:8-9 | 222 | 12:17 | 188 |
| 13:8 | 126,219 | 3:9 | 119,139 | 13:8 | 196 |
| | | 3:10 | 227,237 | 13:15 | 226 |
| *Tiago* | *p.* | 3:11-14 | 232 | 14:20 | 30 |
| 1:2-4 | 105,136,234 | | | 15:3-4 | 72 |
| 1:5 | 98,196,198 | *1 João* | *p.* | 16 | 30 |
| 1:5-8 | 130 | 1:3-5 | 228 | 18:20 | 83 |
| 1:12 | 47,84,227 | 1:5 | 68,97 | 19:7 | 175 |
| 1:13-15 | 28,55,223 | 1:5-7 | 97 | 19:9 | 144,233 |
| 1:14-15 | 55,61,186 | 1:7 | 181,206 | 19:16 | 66 |
| 1:19 | 100 | 1:9 | 40,58,113,159 | 20:12-13 | 238 |
| 1:19-21 | 103 | 2:2 | 39,141 | 20:11;22:5 | 100 |
| 2:19 | 67 | 2:18-22 | 219 | 21:1-4 | 30,48 |
| 3:4-5 | 150 | 2:22 | 225 | 21:1-5 | 227 |
| 3:13 | 96 | 3:7 | 60 | 21:3-4 | 241 |
| 3:15 | 25 | 3:8 | 39,54,66,203 | 21:4 | 66,239 |
| 4:1-3 | 63 | 3:16 | 175 | 21:8 | 26 |
| 4:2 | 41 | 3:16-20 | 135 | 21:10-11 | 174 |
| 4:6 | 112 | 4:1 | 216 | 21:18-21 | 174 |
| 4:7 | 43,61 | 4:1-3 | 219 | 21:23 | 160 |
| 5:3 | 157 | 4:4 | 76,226 | 21–22 | 174 |
| 5:8-9 | 236 | 4:7 | 72 | 22:1-2 | 174 |
| | | 4:7-10 | 79 | 22:1-4,14-15 | 44 |
| *1 Pedro* | *p.* | 4:7-11 | 26 | 22:1-5 | 48,85 |
| 1:6-7 | 105 | 4:10 | 79 | 22:2 | 174,235 |
| 1:8-9 | 138,231 | 4:18 | 136 | 22:3 | 203 |
| 1:18-19 | 207,233 | 5:11-12,20 | 44 | 22:4-5 | 241 |
| 1:18-21 | 207 | 5:14-15 | 167,221 | 22:5 | 160,242 |
| 1:19 | 100,175 | | | 22:12-13 | 49,242 |
| 2:9 | 85,97,129, | *2 João* | *p.* | 22:13 | 49 |
| | 173,241 | 7 | 212,217,219 | 22:14 | 44 |
| 2:21-25 | 79 | | | 22:17 | 183 |
| 2:22-24 | 80 | *3 João* | *p.* | | |
| 2:24 | 76 | 3-7 | 155 | | |
| 3:1 | 159 | | | | |
| 3:3-4 | 163 | *Judas* | *p.* | | |
| 3:3-5 | 98 | 10 | 131 | | |
| 3:4 | 95 | 22 | 129 | | |
| 3:8 | 60,95 | 23 | 159 | | |
| 3:9 | 156 | | | | |
| 3:12-14 | 134 | *Apocalipse* | *p.* | | |
| 3:19 | 81 | 1:5 | 219 | | |
| 3:21 | 159 | 1:5-6 | 207 | | |